Jennifer Ch. Müller

Bildung in Zeiten von Bologna?

VS COLLEGE

Reviewed Research. Auf den Punkt gebracht.

VS College richtet sich an hervorragende NachwuchswissenschaftlerInnen. Referierte Ergebnisse aus Forschungsprojekten oder Abschlussarbeiten werden in konzentrierter Form der Fachwelt präsentiert. Zur Qualitätssicherung werden externe Begutachtungsverfahren eingesetzt. Eine kompakte Darstellung auf 60 bis maximal 120 Seiten ist dabei das Hauptkennzeichen der neuen Reihe.

Jennifer Ch. Müller

Bildung in Zeiten von Bologna?

Hochschulbildung
aus der Sicht Studierender

VS COLLEGE

Bibliografische Information der Deutschen Nationalbibliothek
Die Deutsche Nationalbibliothek verzeichnet diese Publikation in der
Deutschen Nationalbibliografie; detaillierte bibliografische Daten sind im Internet über
<http://dnb.d-nb.de> abrufbar.

1. Auflage 2011

Alle Rechte vorbehalten
© VS Verlag für Sozialwissenschaften | Springer Fachmedien Wiesbaden GmbH 2011

Lektorat: Dorothee Koch | Sabine Schöller

VS Verlag für Sozialwissenschaften ist eine Marke von Springer Fachmedien.
Springer Fachmedien ist Teil der Fachverlagsgruppe Springer Science+Business Media.
www.vs-verlag.de

Umschlaggestaltung: KünkelLopka Medienentwicklung, Heidelberg
Gedruckt auf säurefreiem und chlorfrei gebleichtem Papier
Printed in Germany

ISBN 978-3-531-18316-9

Für Marco

Inhaltsverzeichnis

1. Einleitung

„Es wird viel gestorben an deutschen Universitäten. Der Tote ist stets derselbe: Wilhelm von Humboldt und »seine« Universität. Physisch tot ist der Gelehrte seit Langem, nämlich seit dem 8. April 1835. Normalerweise schrumpft eine Erinnerungsgemeinde mit dem Abstand zum Sterbedatum. Nur bei Religionsstiftern ist das anders – und bei Humboldt. Je länger der echte Humboldt unter der Erde liegt, desto größer wird die Zahl der Trauernden." (Die Zeit, 19.06.2009: 35f)

Der Totengräber ist eine Hochschulreform im Jahr 1999, die den Namen Bologna-Prozess trägt und von klagenden Studierenden, Lehrenden sowie Organisationen, wie beispielsweise Gewerkschaften, die nicht hinnehmen wollen, dass nicht länger Bildung, sondern zunehmend Ausbildung das Ziel eines Studiums geworden sei, begleitet wird.[1] Mit der Initiierung eines einheitlichen europäischen Hochschulraums, machen die für die Hochschule zuständigen politischen und administrativen Kräfte dem humboldtschen Geist nun endgültig den Garaus. Die in Wissenschaft, Erkenntnis und Selbstbildung entwickelte Persönlichkeit sei nun ebenso Geschichte, wie die Unabhängigkeit der Universität von staatlichen und wirtschaftlichen Interessen. (vgl. Liessmann in Adam et al. 2010: 144ff) Dass dies einmal Realität gewesen wäre, wird von Bildungshistoriker Heinz-Elmar Tenorth jedoch nicht bestätigt. Es handele sich hierbei um einen Mythos, der als Argument der Lehrenden an den Universitäten gegen unliebsame Bildungsreformen herhalten müsse. (vgl. Tenorth 2006: 27) Mitchell G. Ash argumentiert noch schärfer, indem er davon ausgeht, dass Humboldt als Platzhalter

---

[1] Im Jahr 2009 finden in Deutschland bundesweite Bildungsstreiks in über 70 Städten statt. Schüler und Studierende kritisieren öffentlich die Einsparungen im Bildungsbereich bei gleichzeitiger Subvention von Banken in der so genannten Finanz- und Wirtschaftskrise. Sie betonen die Wichtigkeit von guter Bildung als Basis für persönliche Entfaltung, Wohlstand und sozialen Frieden. Schulen und Hochschulen dürften nicht privatisiert werden, sondern müssen öffentliches Gut bleiben. Der Zugang zu Schulen und Hochschulen müsse unentgeltlich bleiben. Außerdem gäben die Schulzeitverkürzung mit G8 und ein modularisiertes Studium, Bildung nicht genügend Zeit und Raum. Eine ganze Reihe weiterer Forderungen sind auf den gleichnamigen bundesweiten Protestplattformen im Internet zu finden. (vgl. http://www.bildungsstreik.net/)

für einen sozialistischen Humanismus in der DDR und den scheinbaren Wieder-
aufbau der Ordinarienuniversität in der Bundesrepublik missbraucht wurde, um
sich so der Aufarbeitung der eigenen Verbrechen und des eigenen Versagens im
Nationalsozialismus zu entziehen. (vgl. Ash 1999: 12)

Doch mit der Rückkehr von Max Horkheimer, Theodor W. Adorno und
Friedrich Pollock nach Frankfurt und der Etablierung der so genannten Frankfurter Schule, die mit ihrer kritischen Theorie der Gesellschaft weltweite Berühmt-
heit erlangt hat, treten plötzlich Theoretiker auf den Plan, die Bildung und Erziehung in Deutschland aus Exil-Perspektive betrachten und sich in dieser Frage mit
keinem Wort auf Humboldt oder andere Romantizisten[2] beziehen. Die Frankfurter Schule begründet so, ohne dass Fragen der Erziehung und Bildung den eigentlichen Schwerpunkt ihrer Forschungsarbeiten ausmachen, eine Position in
der Bildungsdebatte, die von Studierenden auch aktuell noch rezipiert wird. Bildung in Form von G8 und modularisiertem Turbo-Studium in der Universität als
Studierenden-Fabrik werden gegenwärtig somit zunehmend kritisch betrachtet.
(vgl. Friedmann u.a. in Der Spiegel 18/2008: 56ff)

Wenn von Bildung die Rede ist, dann wissen die so genannten Experten an-
geblich ganz genau, was Bildung ausmacht und jeder versucht aus der Perspektive seiner privilegierten Position die Definitionsmacht auszuüben. Dietrich
Schwanitz vertritt mit seinem Werk „Alles was man wissen muss" beispielsweise einen kanonartigen Bildungsbegriff. Allerdings deutet das Verb „wissen" im
Titel bereits darauf hin, dass es in seinem populärwissenschaftlich-
enzyklopädischen Nachschlagewerk im Grunde gar nicht um Bildung geht. (vgl.
Schwanitz 1999: 34f) Wenn man, wie Schwanitz, Bildung auf bloßes Wissen,
auf die Kenntnis von Sachverhalten oder spezifische Fähig- und Fertigkeiten
beschränkt, dann mutiert Bildung zu Ausbildung, verkommt zur Ware und wird
auf ihren Tauschwert in der marktförmigen Gesellschaft reduziert.

In klassizistischer und romantizistischer Tradition à la Kant und Humboldt
bedeutet Bildung hingegen vor allem Selbstbildung. Dabei verschwindet jedoch
in letzter Konsequenz das Subjekt, das in Mündigkeit die Grundlage einer vernünftigen, demokratischen Gesellschaft ausmacht. Außerdem sind während der
Bildungsdebatte im Deutschland des 18. und 19. Jahrhunderts nur wenigen Privilegierten die Tore der Bildungseinrichtungen, vor allem der höheren Bildung,
geöffnet.

---

[2] Im weiteren Verlauf der Arbeit werden die Begriffe „Romantizisten", „Klassizisten" und „so genannte Klassiker" synonym gebraucht und bezeichnen die Vertreter des deutschen Idealismus somit
in Distanz. Deren Ideen und Schriften werden von der Verfasserin nicht als „Klassik" anerkannt, da
sie die „Arbeit am nationalen Gedächtnis" (Assmann 1993) der Deutschen nicht befürwortet und
weiter unterstützen will.

Die Idee von der Bildung der gesamten Bevölkerung kommt erst mit der kritischen Theorie nach Nationalsozialismus und Shoah in Deutschland auf. Dabei verwendet Theodor W. Adorno die Begriffe Bildung und Erziehung synonym und konstatiert als primäres Erziehungs- und Bildungsziel den Widerstand gegen die Barbarei. Auschwitz darf nie wieder möglich werden. Ein Bildungskanon käme der Erziehung nach einem Leitbild gleich, das von Adorno als Wegweiser der Barbarei entlarvt wird. (vgl. Adorno 1982: 128) Auch Becker, ein Diskussionspartner Adornos in Bildungsfragen, sieht eine der wichtigsten Aufgaben der Schulreform darin begründet, die Auflösung eines festen Bildungskanons durch ein vielfältiges Stoffangebot zu ersetzen. (vgl. Becker zit. n. Adorno 1982: 144) Horkheimer betont, dass der Begriff der Bildung dem Geformten verwandt sei und auf Bildung und Formung hinweise. Im Hinblick auf die gelehrte Bildung, gehe es um die Herausnahme des Menschen aus der Rohheit. Wir würden Menschen ungebildet nennen, die ungeschliffen erscheinen und gesellschaftlich unvermittelte Natur darstellen. In der Bildung bestehe die Natur jedoch fort, wenngleich sie Züge von Vernunft annehme. Diese Bestimmung des Bildungsbegriffs bezeichnet Horkheimer allerdings als überkommen, da sich die Beziehung von Gesellschaft und Natur im Kapitalismus und den aus ihm resultierenden industrialisierten und technisierten Arbeitsschritten zu Lasten der Natur verändert habe. (vgl. Horkheimer 1985: 410f) Es werden im geformten Subjekt, Elemente des Ungebildeten, Ungeformten und Rohen mit in die Zivilisation geschleppt, welche für diese ein Bedrohungspotential darstellen. Der Barbarei werde Vorschub geleistet, wenn die Menschen nicht zu Erfahrungen fähig sind, die sie solche Zustände erkennen und bearbeiten lassen. Max Horkheimer ermuntert Studierende, ungeachtet von gesellschaftlichen Erwartungen an die Ausbildung wettbewerbsorientierter Kenntnisse und Fähigkeiten, Erfahrungen, vor allem auch im hochschulpolitischen Bereich, zu machen. (ebd.: 418f)

Mit den Hochschulreformen im 20. Jahrhundert bewegen wir uns in Deutschland schließlich immer weiter von der scheinbar egalitären Bildungsidee Humboldts und seinen Zeitgenossen, sowie von den Forderungen der kritischen Theoretiker weg. In das Zentrum der Hochschulbildung, die prinzipiell mit weiter ausdifferenzierteren Studiengängen zur Ausbildung im Sinne einer, an der im Sektor der Wissenschaft vorherrschenden Arbeitsteilung orientierten, speziellen Bildung wird, rücken nunmehr spezifische Qualifikationen und Kompetenzen, die nur in wenigen Teilen mit den Anforderungen, die ein Studium generale als umfassende Bildung der Persönlichkeit stellt, zusammenkommen. In Anlehnung an Humboldt wird erneut gefragt:

„Was ist überhaupt Bildung? Gibt es eine «allgemeine», was muss sie umfassen, ist sie noch möglich? Oder geht es nur um spezifische Ausbildung nach den praktischen

Erfordernissen der Gesellschaft? Gibt ein unveräußerliches geistig-sittliches Allge-
meingut, das jedem Menschen zusteht – und wenn ja, ist es durch Schule zu vermit-
teln, und wie ist es mit der heute notwendigen Spezifizierung des [sic!] Gesell-
schaftsglieder zu verbinden?" (Berglar 1985: 12)

In dieser Arbeit liegt der Schwerpunkt auf der Frage nach dem Bildungsbegriff
von Studierenden der Sozialwissenschaften und damit zusammenhängend, deren
Studienstrategien in Zeiten von Bologna. Die Auswahl der Literatur für die theo-
retische Diskussion und Begriffsklärung erfolgte nach den Begriffen und
Schwerpunkten in den studentischen Diskussionen, welche mit Hilfe der
Szenariotechnik im Gruppendiskussionsverfahren initiiert wurden. Die genann-
ten Begriffe und Argumente sind auf drei historische Stationen der deutschen
Bildungsdebatte zurückzuführen und stellen den theoretischen Rahmen dieser
Arbeit.

1.1 Fragestellung und Zielsetzung

Im Zentrum der Auseinandersetzung steht die Frage danach, was Bildung eigentlich ausmacht. Die Worthülse Bildung, die von Politikern und Hochschulbüro-
kraten häufig genauso unkonkret gefüllt wird, wie von gesellschaftlich und/ oder
wissenschaftlich anerkannten Bildungstheoretikern, soll von Studierenden der
Sozialwissenschaften im Sinne ihrer Vorstellung von Bildung definiert werden.
Es wird dabei von der Hypothese ausgegangen, dass Studierende der Sozialwissenschaften durch die Mehrdimensionalität ihrer Disziplinen zwischen Bildung
und Ausbildung unterscheiden und tendenziell erstere präferieren. Die erste zu
klärende Teilfragestellung lautet in diesem Kontext:

| 1. Wie sieht der Bildungsbegriff von Studierenden der Sozialwissenschaf-
     ten aus? |
| --- |

Zudem sind die potentiellen Einflüsse der letzten genannten Hochschulreform
auf den Bildungsbegriff und die Studienstrategien der Studierenden der Sozialwissenschaften von Interesse. Da sich einhergehend mit dem so genannten Bologna-Prozess, als der Vereinheitlichung des europäischen Hochschulraums, die
Struktur der Studiengänge verändert hat, besteht die zweite Hypothese in der
Annahme, dass sich der Bildungsbegriff und die Studienstrategien von Studierenden der Sozialwissenschaften mit der Modularisierung verändert haben. Daraus ergibt sich die zweite zu klärende Teilfragestellung.

> 2. Inwiefern hat die Modularisierung der sozialwissenschaftlichen Studiengänge den Bildungsbegriff und die Studienstrategien der Studierenden verändert?

Zur Überprüfung der Hypothese ist eine Konkretisierung der Fragestellung notwendig, die eine Unterscheidung zwischen Studierenden, die nach alter Magister- oder Diplom-Studienordnung studieren und Studierenden, deren Studium modularisiert gestaltet ist, ermöglicht. Eine präzise Erfassung der zu ermittelnden potentiellen Unterscheidung erfolgt mit der Subfragestellung:

> 2.1 Bestehen im Hinblick auf Bildungsbegriff und Studienstrategien Unterschiede zwischen Bachelor-Studierenden auf der einen sowie Magister- und Diplom-Studierenden auf der anderen Seite?

Da die Reproduktion ungleicher Bildungschancen auch in Studierendenmilieus festzustellen ist[3], werden im Hinblick auf die potentiellen Unterschiede von Bildungsbegriff und Studienstrategien die soziodemographischen Variablen der Studierenden berücksichtigt, damit herkunftsbedingte Ungleichheiten das Ergebnis nicht verzerren. Die Berücksichtigung sozialer Unterschiede erfolgt mit der Subfragestellung:

> 2.2 Welche Relevanz haben in diesem Kontext die soziale Herkunft, beziehungsweise die Milieuzugehörigkeit der Studierenden?

Die Literaturauswahl, die den Ausführungen über Bildung im theoretischen Teil dieser Arbeit zugrundeliegt, ist auf der Grundlage der Ergebnisse der durchgeführten Gruppendiskussionen, welche im empirischen Teil der Arbeit dargelegt sind, erfolgt. Der Rahmen der deutschen Bildungsdebatte ist mit Immanuel Kant, Wilhelm von Humboldt, Theodor W. Adorno, Max Horkheimer und den Ausführungen zu den zentralen Papieren des Bologna-Prozesses somit umfassend gesteckt, wenngleich dem Anspruch auf Vollständigkeit mit der Darstellung des Bildungsdiskurses, beginnend im ausgehenden 18. Jahrhundert bis in die Gegenwart des 21. Jahrhunderts hinein, freilich nicht durchweg Rechnung getragen werden kann.

---

[3] Zur Reproduktion ungleicher Bildungschancen im universitären Betrieb auf der Grundlage der sozialen Herkunft von Studierenden vgl. Bourdieu/Passeron 1971: 30f und Bourdieu/Passeron 2007: 7. Auf dieser theoretischen Grundlage erarbeiten Lange-Vester und Teiwes-Kügler neun Studierendenmilieus mit je unterschiedlichem Habitus und symbolischem Kapital, die sich durch verschiedene Studienstrategien auszeichnen. (vgl. Lange-Vester/Teiwes-Kügler in Georg 2006: 55ff)

1.2 Aufbau der Arbeit

Zunächst werden einige Ansichten über Bildung, von der deutschen Spätaufklärung über den transzendentalen Idealismus sowie über die Epoche der Romantik
bis zum Höhepunkt der klassischen Philosophie vorgestellt. Der theoretische
Bezugsrahmen umfasst dabei zunächst *Immanuel Kants* Werk *Der Streit der
Fakultäten*[4], mit dem er die feudale Organisationsstruktur der Universität seiner
Zeit des Anachronismus überführt und durch amüsante Diskussion der Fakultäten untereinander, die Rangordnung der Disziplinen in Frage stellt. Mit *Wilhelm
von Humboldt* und der Darstellung seines Antrags auf die Errichtung der Universität Berlin[5] folgt die Diskussion einer neuhumanistischen Bildungskonzeption,
mit der „[...] es [...] nicht allein um die Neuordnung der deutschen Hochschule
[...] geht [...] [sondern vielmehr] um Bildungsbegriff und Bildungssystem, um
Wissenschaftstheorie und Wissenschaftspraxis, und es geht damit um Lebensge-
fühl und Lebenserhaltung einer neuen Generation, einer neuen Epoche [...]"
(Berglar 1985: 7).

Anschließend wird mit *Theodor W. Adorno* und seinem Werk *Erziehung zur
Mündigkeit*[6] die Debatte um die Möglichkeit und Gestalt von Erziehung und
Bildung nach Auschwitz skizziert. Über 100 Jahre nach dem Romantizismus
treten in Deutschland nach Nationalsozialismus und Shoah gesellschaftliche
Phänomene in den Vordergrund, die als Herausforderung an Demokratie und
Gesellschaft großen Einfluss auf die Bildung von Kindern, Jugendlichen und
Erwachsenen haben. Ergänzend wird der Bildungsbegriff *Max Horkheimers*
diskutiert, den er in einer Immatrikulationsvorlesung an der Johann Wolfgang

---

[4] „Der Streit der Fakultäten" erscheint 1789 und gehört somit zu den Spätwerken Kants.
[5] Die theoretische Begründung dieses formellen Antrags trägt den Titel „Über die innere und äußere
Organisation der höheren wissenschaftlichen Anstalt zu Berlin", wird von Humboldt im Jahr 1809
verfasst und an Friedrich Wilhelm III., den König von Preußen gerichtet.
[6] Die „Erziehung zur Mündigkeit" erscheint 1969 als Sammelband verschiedener Essays und Diskussionen von Adorno zum Thema Erziehung und Bildung im postfaschistischen Deutschland. Das
Präfix post- darf dabei jedoch keineswegs als historische Überwindung des Faschismus interpretiert
werden. Spätestens seit den „Studien über Autorität und Familie", den „Studies in prejudice" und den
„Studies of the authoritarian personality" (alle durchgeführt und veröffentlicht von Vertretern der
klassischen kritischen Theorie) muss wissenschaftlich fundiert konstatiert werden, dass das potentiell
faschistische Individuum unabhängig von Gesellschaftsordnung, Klasse und sozialer Lage existent
ist. (vgl. Adorno 1989: 9ff)

Goethe-Universität Frankfurt am Main im Wintersemester 1951/52 unter der Überschrift *Begriff der Bildung* dargelegt hat.[7]

Der theoretische Bezugsrahmen der Arbeit schließt mit der Analyse exemplarischer Schriften des Bologna-Prozesses, einer im Jahr 1999 initiierten Reform zur Neuordnung des europäischen Hochschulraums. Dabei werden die *Sorbonne-Deklaration*[8] von *1998*, die als Beginn des so genannten Bologna-Prozesses gilt, die *Bologna-Deklaration* von *1999*, das *Prag-Kommunikee* von *2001*, das als Bestätigung und Ergänzung der Bologna-Deklaration von 1999 anzusehen ist, das *2003* auf der zweiten Bologna-Nachfolgekonferenz in Berlin verabschiedete *Berlin-Kommunikee*, das Bergen-Kommunikee aus dem Jahr *2005*, das *London-Kommunikee* aus dem Jahr *2007*, das *Leuven-Kommunikee* aus dem Jahr *2009* und die *Budapest-Wien-Deklaration* aus dem Jahr *2010*, im Hinblick auf einen zu Grunde liegenden Bildungsbegriff untersucht.

Die Auswahl der theoretischen Schriften basiert auf den Ergebnissen der durchgeführten Gruppendiskussionen und hängt somit eng mit den Äußerungen der Studierenden unterschiedlicher Studiengänge innerhalb der Sozialwissenschaften im Bereich von Bildung, Studium und Universität zusammen. Auch der Vollständigkeit wegen umfasst die Auswahl der theoretischen Schriften den Zeitraum von der Geburt der modernen Universität in der Spätaufklärung über den Bildungsbegriff nach 1945 bis hin zu den politischen Gremien und Papieren der Gegenwart, welche für die Organisation von Wissen sich verantwortlich zeigen.[9] Das 19. Jahrhundert und Teile des 20. Jahrhunderts müssen in dieser Arbeit aus Gründen der Bewältigbarkeit vernachlässigt werden.

Einer Darstellung der für Deutschland typischen, der Barbarei fruchtbaren Nährboden bietenden und zur Vollendung gebrachten, Kultur und Bildung während der Zeit des Nationalsozialismus kann nur im Rahmen einer eigens dafür vorgesehenen Arbeit Rechnung getragen werden.

Im Anschluss an den theoretischen Teil folgt nach einigen Erläuterungen zur ausgewählten Methode die Darstellung und Ergebnisvorstellung der mit Studie-

---

[7] Nach der Rückkehr der so genannten Frankfurter Schule nach Frankfurt (Horkheimer 1948 und Adorno 1949) stehen die Lehr- und Forschungstätigkeiten unter den Eindrücken der Flucht, Vertreibung und Verfolgung durch das nationalsozialistische Deutschland und dem amerikanischem Exil. Vor allem vor diesem Hintergrund kann besondere Sensibilität für Demokratie und Bildung in Zeiten der Verdrängung von Geschichte und unvergleichbaren Verbrechen erklärt werden.

[8] Der exakte Titel lautet „Sorbonne Joint Declaration on harmonisation of the architecture of the European higher education system". (Sorbonne-Declaration 1998: 1)

[9] Zu treffende begriffliche Unterscheidungen sind in dieser Arbeit: 1.) Bildung im Sinne von Selbstbildung und Persönlichkeitsbildung, 2.) Bildung und Erziehung im Sinne der Mündigkeit und 3.) Bildung im Sinne von Ausbildung oder der Aneignung von Wissen als Beschäftigungsfähigkeit, also die Befähigung für die Übernahme diverser Positionen auf dem Arbeitsmarkt.

renden der Sozialwissenschaften durchgeführten Gruppendiskussionen zu deren Bildungsbegriff und Studienstrategien.

In einem Fazit wird das empirische Material abschließend auf die Ausgangsfragestellungen bezogen.

Ein ausführlicher und die einzelnen Forschungsschritte dokumentierender Anhang zur empirischen Untersuchung ist auf der VS Homepage unter der Rubrik OnlinePLUS zu finden: http://www.vs-verlag.de/

2. Theoretischer Bezugsrahmen

2.1 „Klassische" Ansichten über die Universität

Zu der Zeit um 1800 gab es in Preußen kaum mehr höhere wissenschaftliche Anstalten im Sinne der «Universitas». Die wissenschaftliche Ausbildung war derart differenziert, dass ein medizinisches Collegium, eine Tierarznei-Schule, ein Ackerbau-Institut, eine Bergakademie, eine Bauakademie, eine Handelsakademie und die Akademie der Künste unterhalten wurden. Unabhängig von den Akademien und Instituten existierten die Königliche Bibliothek, das anatomische Museum und das Naturalienkabinett. (vgl. Berglar 1985: 92; Müller 1990. 297f)

Mit dem Tilsiter Frieden verlor Preußen im Jahr 1807 außer der Königsberger und Frankfurter Universität große Gebiete und damit alle weiteren außer den genannten Universitäten[10] an das napoleonische Frankreich. Die Idee der Gründung einer Volluniversität zu Berlin gewann so endlich an Kontur. (vgl. Müller 1990: 300)

„Der entscheidende theoretische Impuls für eine tiefgehende Reform der Universität ging von Immanuel Kants *Streit der Fakultäten* [1798] aus." (Müller 1990: 293) Ihren eigentlichen Anfang nimmt die preußische Universitätsreform allerdings erst mit Wilhelm von Humboldts Text *Über die innere und äußere Organisation der höheren wissenschaftlichen Anstalt zu Berlin* [1809], der als Initialzündung für die Gründung der Universität zu Berlin gilt. Es handelt sich bei diesem Text, auf den sich Kritiker, Lehrende, Studierende und Bildungspolitiker, in Fragen universitärer Bildung, bis in die Gegenwart hinein beziehen, im Grunde allerdings um keine große Theorie, sondern um einen Verwaltungstext. „Nicht an ein esoterisches Fachpublikum waren die Universitätsschriften gerichtet; sogar von Beamten und Politikern sollten sie verstanden werden."[11] (ebd.: 292)

---

[10] Mit dem Tilsiter Frieden nach dem vierten Koalitionskrieg verlor Preußen große Gebiete an Frankreich und Russland und musste somit auch die Universitäten in Duisburg, Erfurt, Erlangen, Halle, Münster und Paderborn abgeben. (vgl. Müller: 1990: 301)

[11] Das Gleiche gilt für weitere Texte des Klassizismus: Johann Jacob Engel „Denkschrift über Begründung einer großen Lehranstalt in Berlin" [1802], Johann Benjamin Erhard „Über die Einrichtung und den Zweck der höheren Lehranstalt [1802], Friedrich Wilhelm Joseph Schelling „Vorlesungen

2.1.1 Immanuel Kant über Bildung

Immanuel Kant, der berühmteste Philosoph und Metaphysiker der Zeit der Aufklärung, wurde 1724 in Königsberg geboren und starb dort im Jahr 1804.[12] (vgl. Grondin 2007: 133ff)

In seinem Spätwerk „Streit der Fakultäten"[13] analysiert Kant die „ [...] vier traditionellen Fakultäten der Scholastik: die untere, philosophische Fakultät der

---

über die Methode des akademischen Studiums [1802], Friedrich August Wolf „Vorschläge, wie ohne irgendeinen neuen Aufwand statt der jetzt verlorenen zwei am besten dotierten Universitäten eine für hiesige Lande und für ganz Deutschland wichtige Universität von größerer Anlage gestiftet und in kurzer Zeit in Gang gebracht werden könnte" [1807], Johann Gottlieb Fichte „Deduzierter Plan einer zu Berlin zu errichtenden höhern Lehranstalt, die in gehöriger Verbindung mit einer Akademie der Wissenschaft stehe" [1807], Friedrich Daniel Ernst Schleiermacher „Gelegentliche Gedanken über Universitäten in deutschem Sinn. Nebst einem Anhang über eine neu zu errichtende" [1808], Karl Friedrich Savigny „Rezension von Friedrich Schleiermachers „Gelegentliche Gedanken über Universitäten in deutschem Sinn."" [1808], Heinrich Steffens „Über die Idee der Universitäten" [1809], Georg Friedrich Wilhelm Hegel „Über den Vortrag der Philosophie auf Universitäten" [1810].

[12] Die Familie Kant stammt aus Ostpreußen und besteht aus Handwerkern des niederen Bürgertums. Die Eltern von Immanuel Kant, sein Vater Johann Georg Kant († 1746) und seine Mutter Anna Regina Kant, geb. Reuter († 1738), entstammen beide Handwerkerfamilien. Immanuel Kant ist das vierte von elf Kindern. Nur drei Schwestern und ein Bruder erreichen jedoch mit ihm das höhere Alter. Im Jahr 1740 beginnt Kant sein Studium der Theologie an der Königsberger Universität, welches er nach kurzer Zeit für Studien der Philosophie, Mathematik und Naturwissenschaft vernachlässigt. Sechs Jahre später verlässt Kant die Universität. Es ist unklar, ob er einen formalen Abschluss erworben hat, da hierfür keine Belege überliefert sind. Bis zu seiner Promotion *Über das Feuer*, eine lateinische Abhandlung, im Jahr 1755 ist Kant als Hauslehrer tätig. Die Privatdozentur für Philosophie an der Universität Königsberg erwirbt er drei Monate später mit einer weitern lateinischen Abhandlung, die den Titel *Die Grundprinzipien der metaphysischen Erkenntnis* trägt. Da im königlichen Preußen für die lehrende Tätigkeit, die Disputation einer dritten Abhandlung notwendig war, stellt Kant im Jahr 1756, ein halbes Jahr nach seiner Habilitation, die dritte lateinische Abhandlung mit dem Titel *Über die physische Monadologie* vor. Seine Unterrichtsthemen sind mit Philosophie, Mathematik, Naturwissenschaften, Geographie, Anthropologie, Pädagogik, Theologie und der Kritik des Gottesbeweises breit gefächert. Nachdem Kant im Jahre 1764 eine Professur für Dichtkunst ablehnt, bekommt er ein Jahr später ein Stellenangebot für das Unterbibliothekariat der Königlichen Schlossbibliothek und erhält so mit 42 Jahren die erste feste Anstellung. 1769 bekommt er schließlich eine Berufung nach Erlangen und später einen Ruf nach Jena, doch lehnt Kant beides für die im Jahr 1770 frei werdende Königsberger Professur für Logik und Metaphysik ab, um die er sich zwölf Jahre zuvor vergeblich beworben hatte. Seine Antrittsvorlesung besteht in der Disputation seiner lateinischen Dissertatio *Über Form und Prinzipien der sinnlichen und intelligiblen Welt*. 1786 wird er für zwei Amtsperioden Universitätsdirektor und lehnt später eine Professur in Halle und den Titel eines Hofrats ab. Als Kant 1794 mit der preußischen Zensurbehörde aneinandergerät, legt er sein akademisches Lehramt schließlich nieder. (vgl. Grondin 2007: 157f; Schultz 1980: 7ff, 162f; Scruton 2004: 11ff)

[13] Zum Streit der Fakultäten ist eine politische Vorgeschichte erwähnenswert: Im Jahr 1788 hat König Friedrich Wilhelm II. ein Religionsedikt ergehen lassen, das von Kant als ein die Schriftstellerei äußerst einschränkendes Zensuredikt verstanden wird. Er ist davon insofern persönlich betroffen, als er sich einem Spezialbefehl des Königs nach der Veröffentlichung seiner Abhandlung „Religion

ehemaligen sieben freien Künste (artes liberales) bildete den Unterbau und die Vorstufe für die medizinische, juristische und theologische Fakultät; formal war die Philosophie noch immer „ancilla theologiae" [...] (Müller 1990: 293)".

Die Rangfolge der Fakultäten sieht Kant dabei in der Nähe zur Bevölkerung bestimmt. Er beschreibt die Funktion der Vernunft auch in diesem Werk als eine Art „invisible hand" und Propädeutik aller weiteren Disziplinen. Die Philosophie als gleichberechtigte Disziplin neben anderen Fakultäten und wissenschaftliche Grundlage derselben – das ist eine hochschulpolitische Position der Aufklärung, die auf eine aufgeklärte Gelehrtenrepublik im Sinne der Idee des Republikanismus auf der Grundlage der französischen Revolution abzielt. Kant skizziert die Übertragung des republikanischen Prinzips der Gewaltenteilung von Legislative und Exekutive im Staat auf die Universität, indem er fordert, dass Vernunft und Verstand in einen definierten Diskurs treten. Die Beziehung, die sich hier andeutet, ist die der kritischen Vernunft der Philosophie zum verständigen Denken und Handeln von Theologie, Jurisprudenz und Medizin. (Dietzsch in Kant 1992: 125f)

Theologie, Jurisprudenz und Medizin bilden in dieser Reihenfolge die klassischen oberen Fakultäten, während die Philosophie als die untere bezeichnet wird. „[B]ei dieser Einteilung und Benennung [ist] nicht der Gelehrtenstand, sondern die Regierung befragt worden." (Kant 1992: 15) Die Regierung interessiere sich nämlich hauptsächlich für diejenigen Disziplinen, die ihr Werkzeuge zur Manipulation des Volkes an die Hand gäben. So sei die Klassifikation der oberen Fakultäten auf die Nützlichkeit ihrer Gegenstände für Regierungszwecke zurückzuführen. Aus diesem Umstand resultiere die scharfe Sanktionierung der

---

innerhalb der Grenzen der bloßen Vernunft" fügen muss. König Friedrich Wilhelm II. fordert Kant in einem Brief auf, seine philosophischen Anmerkungen zur Religion zu unterlassen. (vgl. Kant 1992: 8) Der König sieht diese als „[...] Entstellung und Herabwürdigung mancher Haupt- und Grundlehren der Heiligen Schrift und des Christentums [...] (ebd.)" an und appelliert an Kants Pflicht gegenüber der Jugend in seiner Rolle als deren Lehrer, in der er sich an den landesväterlichen Absichten zu orientieren habe. Kant reagiert prompt mit einer schriftlichen Antwort, in der er zunächst devot auf den Befehl reagiert, indem er sich dem König pflichtschuldig präsentiert. Allerdings weist er die Vorwürfe von sich, indem er sich – mit den Worten des Königs – als Lehrer der Jugend und nicht als Lehrer des Volkes bezeichnet und so auf die zahlenmäßige Begrenztheit seiner Leserschaft abzielt. Für das Volk sei seine Abhandlung ohnehin unverständlich und verschlossen, so dass es keine Notiz von ihr nehme. Im Gegensatz zum Volk müssten die Fakultäten unter Maßgabe aller Kenntnis allerdings frei urteilen können, um so auch das Ausdenken von Religionen vermeiden und die Prüfung und Berechtigung theologischer Fragen vornehmen zu können. So gelange schließlich auch die Landesherrschaft zu Schriften, die der öffentlichen Landesreligion zuträglich seien. Zudem streitet Kant die Vorwürfe des Königs gänzlich ab, indem er konstatiert, dass er die Landesreligion an keiner Stelle seiner Abhandlung namentlich erwähnt habe und selbst seine Literaturgrundlagen weder die Bibel noch das Christentum expressis verbis enthalten. Es gehe ihm lediglich um die Würdigung der natürlichen Religion. (vgl. ebd.: 9f; Vorländer 2004: 14ff)

oberen Fakultäten, während die untere vernunftgeleitet und in Freiheit arbeiten könne. (vgl. Kant 1992: 15ff)

Die Rolle der Regierung im Tätigkeitsbereich der so genannten oberen Fakultäten sei keine lehrende, sondern eine befehlende, „[e]ine Regierung, die sich mit den Lehren, also auch mit der Erweiterung oder Verbesserung der Wissenschaften befaßte, mithin selbst in höchster Person den Gelehrten spielen wollte, würde sich durch diese Pedanterei nur um die ihr schuldige Achtung bringen, und es ist unter ihrer Würde, sich mit dem Volk (dem Gelehrtenstande desselben) gemein zu machen, welches keinen Scherz versteht und alle, die sich mit Wissenschaften bemengen, über einen Kamm schiert (ebd.: 16)".

So bleibe die Suche nach Wahrheit, also das eigentlich wissenschaftliche Arbeiten, der unteren Fakultät überlassen, die in Freiheit bestehe und fälschlicherweise als untere Fakultät klassifiziert werde. Die so genannte untere Fakultät habe zwar die Freiheit, alle zu beurteilen, doch „[...] der, welcher befehlen kann, ob er gleich ein demütiger Diener eines anderen ist, sich doch vornehmer dünkt, als ein anderer, der zwar frei ist, aber niemand zu befehlen hat (ebd.: 17)".[14] Die philosophische Fakultät handelt lediglich vernunftgeleitet nach dem Interesse der Wissenschaft und wird deshalb die untere Fakultät genannt, da sie es mit den Sätzen der Regierung halten mag, wie es ihr beliebt. Die Regierung überlässt die so genannte untere Fakultät als einzige der Vernunft des gelehrten Volkes. Ohne die so genannte untere Fakultät hätte die Wahrheit keinen Platz in Wissenschaft und Gesellschaft. Dies würde letztlich auch die Regierung beschädigen, die ein Minimum an nicht durch die Regierung kontrollierten Elementen zu ihrer Legitimation benötigt. (vgl. Kant 1992: 26)

Die Rangfolge der oberen Fakultäten gliedert Kant im Sinne objektiver Kriterien aus staatlicher Perspektive nach ewigem, bürgerlichem und Leibeswohl. Eine vernünftige Rangordnung nach staatlichem Gusto sehe somit die theologische Fakultät an erster, die juristische an zweiter und die medizinische an dritter Stelle. (ebd.: 18)

Die medizinische Fakultät habe im Vergleich zu der theologischen und juristischen noch die größte Freiheit und die geringste Entfernung zu der philosophischen. (vgl. Kant 1992: 23)

„Nach dem Naturinstinkt hingegen würde dem Menschen der Arzt der wichtigste Mann sein, weil dieser ihm sein Leben fristet, darauf allererst der Rechtserfahrene, der ihm das zufällige Seine zu erhalten verspricht, und nur zuletzt (fast nur, wenn es

---

[14] Kant vergleicht die Antwort der philosophischen Fakultät mit der eines alten Kaufmanns auf die Frage Colberts, dem Finanz- und Wirtschaftsminister des französischen Königs Ludwig XIV., nach einer Verbesserung des Handels. Dieser sagte: „Schafft gute Wege, schlagt gut Gut, gebt ein promptes Wechselgeld u. dgl., übrigens aber „laßt uns machen"." (Behrens 1962: 109ff)

zum Sterben kommt), ob es zwar um die Seligkeit zu tun ist, der Geistliche gesucht werden; weil auch dieser selbst, sosehr er auch die Glückseligkeit der künftigen Welt preiset, doch, da er nichts von ihr vor sich sieht, sehnlich wünscht, von dem Arzt in diesem Jammertal immer noch einige Zeit erhalten zu werden." (Kant 1992: 18f)

Interdisziplinarität der so genannten oberen Fakultäten mit der so genannten unteren sei aus Regierungsperspektive allerdings nicht besonders wünschenswert, denn „[s]obald eine dieser Fakultäten etwas aus der Vernunft Entlehntes einzumischen wagt, so verletzt sie die Auktorität der durch sie gebietenden Regierung und kommt ins Gehege der philosophischen, die ihr alle glänzenden, von jener geborgten Federn ohne Verschonen abzieht und mit ihr nach dem Fuß der Gleichheit und Freiheit verfährt [...]" (ebd.: 19f). Demnach sei durch den Einfluss der Regierung auf die oberen Fakultäten davon abzuraten, dass diese mit der so genannten unteren Fakultät der Philosophie zusammen arbeiten, geschweige denn, deren vernunftgeleitete Arbeitsweise adaptieren.

„Die Rolle der Philosophie vergleicht Kant bezeichnenderweise mit der linken „Oppositionspartei" im (revolutionären) Konvent. Wie dort die Regierung, haben sich hier die oberen Fakultäten gegenüber dem „gelehrten Volke" zu rechtfertigen. Kant bestimmt damit die Einheit der Universität, deren Auflösung seine Metyphysikkritik theoretisch vollendet hatte, neu: nämlich als den durchaus politischen und sozialen Widerspruch zwischen citoyenhafter Vernunft und feudal-etatistischem bzw. bourgeoisem Verstand, der als Streit der Fakultäten nicht durch friedliche Übereinkunft, sondern nur durch permanente Kritik gelöst werden kann." (Müller 1990: 295)

Die so genannten oberen Fakultäten schöpften ihre Lehren im Gegensatz zur Philosophie nicht aus der Vernunft, sondern aus der Bibel, dem Landrecht und der Heilmethode. Der Versuch von Interdisziplinarität mit vernunftgeleiteter Wissenschaft könne so schließlich nur zu einer „Mißheirat" führen. (vgl. Kant 1992: 20)

Die *theologische Fakultät* arbeite nicht vernunftgeleitet, da sie die biblische und somit theologische Tatsache der Gottesexistenz nicht zu beweisen versuche und die wissenschaftliche Arbeit in der theologischen Fakultät als Glaubenssache und Gefühl der Göttlichkeit – auch auf den Gelehrten bezogen –, ohne Benennung des Ursprungs, anzusehen sei. (vgl. Kant 1992: 20)

„[D]er biblische Theolog [muss] ja nicht auf die Natur, d. i. das eigentlich moralische Vermögen des Menschen (die Tugend), sondern auf die Gnade (eine übernatürliche, dennoch zugleich moralische Einwirkung) rechnen, deren aber der Mensch auch nicht anders als vermittelst eines inniglich das Herz umwandelnden Glaubens

teilhaftig werden, diesen Glauben selbst aber doch wiederum von der Gnade erwar-
ten kann." (Kant 1992: 21)

Die *juristische Fakultät* beziehe sich in der wissenschaftlichen Arbeit ebenfalls
nicht auf die Vernunft, sondern auf das Gesetzbuch zur Sicherung von Eigen-
tumsverhältnissen. Wahrheit und Rechtmäßigkeit seien im Gegensatz zur Theologie hier nicht auf ewige Dauer gestellt und eine bestimmte Norm von Rechts-
pflege wird als vergeblich angesehen. (vgl. ebd.: 21f) Im Unterschied zur theologischen Fakultät werden hier die zu Grunde liegenden Schriftstücke, die Geset-
zestexte, wenigstens von Richtern, Gesetzeskommissionen oder dem Gesetzge-
ber selbst, ausgelegt.

> „Wenn überdem die juristischen Praktiker […], die dem Klienten schlecht geraten
> und ihn dadurch in Schaden versetzt haben, darüber doch nicht verantwortlich sein
> wollen […], so nehmen es doch die theologischen Geschäftsmänner […] ohne Be-
> denken auf sich und stehen dafür […], daß alles so auch in der künftigen Welt werde
> abgeurteilt werden […]." (Kant 1992: 22)

Die Lehren der *medizinischen Fakultät* müssten im Grunde der philosophischen
Fakultät angehören, da Ärzte nicht das Recht auf straflose Tötung haben, die
medizinische Fakultät viel freier als die theologische und juristische lehren könne und keine höhere Autorität die medizinische Praxis sanktioniere. (vgl. ebd.:
23)

> „Da nun die Regierung nach dem ersten Prinzip für die öffentliche Bequemlichkeit,
> nach dem zweiten für die öffentliche Sicherheit (in der Gesundheitsangelegenheit
> des Volks) sorgt, diese zwei Stücke aber eine Polizei ausmachen, wird alle
> Medizinalordnung eigentlich nur die medizinische Polizei betreffen." (Kant 1992:
> 23)

In Fällen, die im Hinblick auf die medizinische Polizei, auf das Interesse der
Regierung stoßen, bleiben die Mediziner allerdings dem Fakultätsurteil unter-
worfen. (vgl. ebd.: 24)
Die *philosophische Fakultät* beziehe sich, wie für die Philosophie als Grundlage
aller Wissenschaften nun einmal in aller Logik üblich, auf die Gesamtheit des
menschlichen Wissens. Dabei seien nicht alle Teile dieses Wissens auch gleichzeitig die Gegenstände der Philosophie, wohl aber die Prüfung und Kritik derselben eine philosophische Aufgabe und Notwendigkeit im Hinblick auf den Vorteil der entsprechenden Wissenschaften. So könnten schließlich auch die so genannten oberen Fakultäten die Beamten der Regierung besser beraten, damit

diese dann effektiver über ihre Pflichten aufgeklärt, zu handeln in der Lage wären.

> „Philosophie ist nach Kant kritische Wissenschaft. Wirklich eingreifen könnte Philosophie als Wissenschaft indes wohl nur, wenn sie – sich als allgemeine Arbeit begreifend – die Gegenstände (positiver Wissenschaften) nach ihren immanenten Gesetzen begreift und durch positive Kritik ihre real-dialektischen Tendenzen ideel antizipiert." (Müller 1990: 295)

Nur in der wechselseitigen Beziehung von historischer Erkenntnis[15] und reinen Vernunfterkenntnissen[16] kann die Philosophie als Wissenschaft den für alle Wissenschaftsdisziplinen und die Gesellschaft mit all ihren Teilsystemen notwendigen Beitrag leisten.

Der *Streit der Fakultäten* sei nicht aufgrund der Form, also nicht aufgrund mangelnder Objektivität, sondern seiner Materie wegen als gesetzeswidrig zu bezeichnen, da es nicht erlaubt sei, über den öffentlichen Satz der Fakultätsrangfolge und dessen Gegensatz öffentlich zu urteilen. Der Streit der Fakultäten sei demnach ein Streit, der „[…] um den Einfluß aufs Volks geführt [wird], und diesen Einfluß können sie nur bekommen, sofern jede derselben das Volk glauben machen kann, daß sie das Heil desselben am besten zu befördern verstehe […] (Kant 1992: 27)". Da das Volk jedoch sein Heil nicht zuerst in der Freiheit, sondern vielmehr in den natürlichen Zwecken sehe, könne die Philosophie letztlich nicht siegreich aus diesem Streit hervorgehen. Die Menschen seien schließlich nicht am Regime der Vernunft interessiert und Selbstbemühung läge ihnen ferner als die drei Stücke: „[N]ach dem Tode selig, im Leben unter anderen Mitmenschen des Seinen durch öffentliche Gesetze gesichert, endlich des physischen Genusses des Lebens an sich selbst (d.i. der Gesundheit und langen Lebens) gewärtig zu sein."[17] (Kant 1992: 27)

---

[15] Zur historischen Erkenntnis zählt Kant „[…] Geschichte, Erdbeschreibung, gelehrte Sprachkenntnis, [und] Humanistik mit allem […], was die Naturkunde von empirischer Erkenntnis darbietet (Kant 1992: 25)".

[16] Zu den reinen Vernunfterkenntnissen zählt Kant „[…] rein[e] Mathematik und rein[e] Philosophie, Metaphysik der Natur und der Sitten […] (Kant 1992: 15)".

[17] Die Philosophie wird vom Volk hingegen mit unerfüllbaren Ansprüchen konfrontiert: „Was ihr Philosophen da schwatzet, wußte ich längst von selbst; ich will aber von euch als Gelehrte wissen: wie, wenn ich auch ruchlos gelebt hätte, ich dennoch kurz vor dem Torschlusse mir ein Einlaßbillet ins Himmelreich verschaffen, wie, wenn ich auch unrecht habe, ich doch meinen Prozeß gewinnen, und wie, wenn ich auch meine körperlichen Kräfte nach Herzenslust benutzt und mißbraucht hätte, ich doch gesund bleiben und lange leben könnte. Dafür habt ihr ja studiert, daß ihr mehr wissen müßt als unsereiner (von euch Idioten genannt), der auf nichts weiter als auf gesunden Verstand Anspruch macht." (Kant 1992: 28)

Es sei diesbezüglich nicht das Ziel der Philosophie, diese Vorhaben der so genannten oberen Fakultäten zu diskreditieren, sondern lediglich Widerspruch gegen die „[...] magische Kraft, die ihnen und den damit verbundenen Observanzen das Publikum abergläubisch beilegt [...] (ebd.: 28)" einzulegen. Somit sei der Streit auch deshalb gesetzeswidrig, da die Geschäftsmänner der so genannten oberen Fakultäten solche Grundsätze und die daraus resultierende passive Übergebung des Volkes an scheinbar kunstreiche Führer, annehmen und die Gesetzesübertretung, vorgenommen durch die Suggestion, alles wieder gut und noch besser zu machen, nicht als Hindernis, sondern als erwünschtes Verhalten ansähen. Kant konstatiert, dass der Wille des Volkes nach Leitung und Betrug so mächtig sei, dass die Regierung schlussendlich dazu verleitet werde, den Wissenschaften die Theorie nach dem Einflusspotential der Geschäftsmänner (Geistliche, Justizbeamte, Ärzte) auf das Volk, zu diktieren. (vgl. Kant 1992: 28)

Der Streit der Fakultäten sei allerdings notwendig und auch gesetzmäßig, da der kritische Streit geradezu eine Pflicht der Philosophie darstelle. Kant skizziert diesbezüglich vier „[...] formal[e] Grundsätze der Führung eines solchen Streits [...] (ebd.:31)":

1. Der Streit kann und darf nicht friedlich beigelegt werden.
2. Der Streit kann nie enden und die Beibehaltung dieses Zustandes muss die Aufgabe der Philosophie sein.
3. Der Streit ist ein Streit unter Fakultäten und tut dem Ansehen der Regierung nie Abbruch, da sie keine Streitpartei darstellt.
4. Der Streit bereitet auf die Freiheit des Urteils von der Willkür der Regierung vor und kann im Einverständnis mit gelehrten und bürgerlichen Maximen stehen. (vgl. Kant 1992: 33)

Somit befindet sich die so genannte untere Fakultät der Philosophie im ewigen Streit mit den so genannten oberen Fakultäten der Theologie, Rechtswissenschaft und Medizin. Die Hierarchie der Fakultäten wird von Kant frei von den Zwecken, den die so genannten oberen Fakultäten für die Regierung erfüllen, auf ironische Weise umgekehrt. Eine Kritik der so genannten oberen Fakultäten kann dabei nur von der so genannten unteren Fakultät, der Philosophie, vorgenommen werden. (vgl. Vorländer in Kant 1968: 19)

> „Auch kann man allenfalls der theologischen Fakultät den stolzen Anspruch, daß die philosophische ihre Magd sei, einräumen, [...] [doch bleibe die Frage,] [...] ob diese ihrer gnädigen Frau die Fackel vorträgt oder die Schleppe nachträgt [...]." (Kant 1992: 25)

Mit solcherlei Positionen auf der Grundlage der aufklärerischen Vernunft macht sich Kant in der preußischen Monarchie mit dem König von Gottes Gnaden selbstredend nicht nur intellektuelle Bewunderer und Freunde. Gerade Äußerungen, wie „Ich mußte das Wissen aufheben, um zum Glauben Platz zu bekommen [...]" (Kant in Franz 1926: 1) sind auch unter den gelehrten Kollegen nicht unumstritten. Sein, seit der französischen Revolution zunehmend größeres, politisches Interesse ist bereits in den 1780er Jahren in Grundzügen zu beobachten gewesen. Als „Verbrechen wider die Natur" (Kant in Vorländer 2004: 327) beschreibt Kant beispielsweise das theologische Geschäft der kirchlichen Amtsträger in seiner Schrift *Was ist Aufklärung?*, die im Jahr 1784 erscheint. Darin wird allerdings auch eine relativ opportunistische Haltung zu dem ehemaligen König Friedrich II., dem Vorgänger von König Friedrich Wilhelm II., deutlich, da Kant sich für politische Freiheit, im Gegensatz zu freimütiger Kritik, nicht besonders stark macht. Solange der Herrscher jeden nach seiner Fasson selig werden lässt, ist Kant kein Vorreiter politischer Revolution. Kants Ideen reichen allerdings gleichwohl weiter, als die des Königs, so konstatiert er am Ende seiner Schrift, dass die Freiheit im Denken das Volk auch im Handeln freier machen würde und man „[...] den Menschen, der nur mehr als eine Maschine ist, seiner Würde gemäß zu behandeln [...] (Kant zit. n. Vorländer 2004: 328)" habe. Auch in dem zweiten Teil der *Kritik der Urteilskraft* (Kant 2004: 872ff) wirft Kant die Frage nach dem letzten Zweck des Menschen auf. Aus den beiden Optionen, Kultur oder Glückseligkeit, wählt Kant die Kultur, in dem er die Hervorbringung eines vernünftigen Wesens als Endzweck präferiert.

> „[S]ein Gegner von vorgestern ist noch die mittelalterliche Zunftuniversität, in deren Strukturen sich die Aufklärung als rationalistische Metaphysik emanzipierte. Entsprechend der mittelalterlichen Zunftordnung bezeichnete „Universität" ursprünglich weder die Stätte wissenschaftlicher Tätigkeit noch die dort repräsentierte Einheit der Wissenschaften, sondern die Gemeinschaft der Lehrenden und Lernenden, die universitas magistrorum et scholarium."[18] (Müller 1990: 293)

---

[18] „Bei ihrer Entstehung im Mittelalter war die Universität die Lebensgemeinschaft derer, die sich der Wissenschaft widmeten. Aber diese Wissenschaft war nichts im freien Fluss Befindliches, sondern ein fester Bestand, der durch die Tradition der Kirche fixiert und durch ihre Autorität gesichert war. Die allgemeine Vorstufe der höheren Fakultäten, die facultas artium, war also keineswegs freie Forscherin im Sinne der heutigen philosophischen Fakultät, sondern die Bewahrerin des allgemeinen wissenschaftlichen Rahmens: der aristotelisch-scholastischen Philosophie. Und wenn Staat und Kirche der Universität weitgehende Freiheiten geben, so waren es Freiheiten der Selbstverwaltung und der äußeren Formen, wie man sie hochangesehenen, aber nur durchaus unverdächtigen Korporationen erteilt." (Spranger 1919: VIIIf)

Später wird die Universität zu mehr, als der bloßen Gemeinschaft von Studenten und Professoren, allerdings ist sie noch längst nicht die Art von Bildungsinstitution, die Kant auf der Grundlage seines aufklärerisch-vernünftigen Bildungsbegriffs präferiert, denn seine „[...] Gegner von gestern war die sensualistische common-sense Philosophie, die Popularaufklärung. [...] Die Universitäten legitimierten ihre Existenz nun durch „Cameralnutzen" für den Staat [...] (ebd.: 294)".

Die Wirkung des Königsberger Philosophen und Professors auf andere deutsche Universitäten gestaltet sich umfangreich und ist ohne die Nennung von weiteren bekannten Wissenschaftlern und Schriftstellern der Epoche der Aufklärung kaum zu beschreiben.[19]

2.1.2 Wilhelm von Humboldt über Bildung

Wilhelm Freiherr von Humboldt, „[...]der «Minister des Geistes», der Diplomat, Sprachforscher und deutscher Klassiker «Numero drei» nach Goethe und Schiller[...]" (Berglar 1985: 8) wurde 1767 in Potsdam geboren und starb 1835 in Tegel.[20] Er ist vor allem als Mitbegründer der später nach ihm benannten Hum-

---

[19] Zu seinen Anhängern und Gegnern zählen beispielsweise in *Jena*: Christian Gottfried Schütz (Philologe und Philosoph), Gottlieb Hufeland (Jurist), Karl Christian Friedrich Schmidt (Philosoph und Theologe) und Karl Leonhard Reinhold (Philosoph); in *Halle*: Ludwig Heinrich Jakob (Magister und Gymnasiallehrer), Jakob Sigismund Beck (Gymnasiallehrer) und Karl Friedrich Bahrdt (Theologe und Schriftsteller); in *Leipzig*: Ernst Platner (Philosoph, Mediziner und Ästhetiker), Karl Adolf Cäsar (Philosoph), Carl Friedrich Hindenburg (Mathematiker, Philosoph und Physiker), Karl Heinrich Heydenreich (Philosoph und Schriftsteller) und Friedrich Gottlob Born (Übersetzer); in *Göttingen*: Johann Georg Heinrich Feder (Philosoph), Christoph Meiners (Professor für Weltweisheit), Abraham Gotthelf Kaestner (Mathematiker und Epigrammdichter), Johann Friedrich Blumenbach (Naturforscher und Anatom), Georg Christoph Lichtenberg (Schriftsteller, Mathematiker und Physiker), Johann Gottlob Buhle (Philosoph) und Gottfried August Bürger (Philosoph und Dichter); in *Marburg*: Johann Bering (Philosoph) und Johann Heinrich Jung-Stilling (Arzt, Wirtschaftswissenschaftler und Schriftsteller); in *Norddeutschland* überhaupt: Ludwig Gotthard Kosegarten (Theologe und Dichter), August Wilhelm Rehberg (Staatsmann, Philosoph und politischer Schriftsteller), Johann Gottfried Kiesewetter (Philosoph), Salomon Maimon (Philosoph) und Christian Gottlieb Selle (Mediziner und Philosoph); in *Gießen*: Carl Christian Eberhard Schmid (Theologe und Philosoph) – vorübergehend aus Jena übergesiedelt – und Wilhelm Snell (Jurist, Revolutionär und Politiker); in *Karlsruhe*: Gottlob August Tittel (Philosoph); in *Tübingen*: Johann Friedrich Flatt (Theologe); in *Stuttgart*: Jakob Friedrich Abel (Philosoph); in *Erlangen*: Johann Heinrich Abicht (Magister und Philosoph); in *Altdorf bei Nürnberg*: Georg Andreas Will (Historiker); in *München*: Benedikt Stattler (Theologe); in *Würzburg*: Maternus Reuß (Theologe und Philosoph) und Johann Benjamin Erhard (Arzt und Philosoph), während in *Wien* kaum eine Auseinandersetzung mit Kant stattfand, da die Österreicher kein Interesse an „müßige[r] Grübelei" hatten. (vgl. Vorländer 2004: 406ff)

[20] Die Familie Humboldt stammt aus Pommern und besteht aus Beamten und Offizieren. Die Eltern von Wilhelm von Humboldt, sein Vater Alexander Georg von Humboldt (1720-1779) und seine

boldt-Universität zu Berlin und durch seine Formeln der *Einheit von Forschung und Lehre* sowie der *Forschung in Einsamkeit und Freiheit* zum Begriff geworden. Sein Verdienst in der Rolle des preußischen Reformers ist die Gründung der Universität zu Berlin als „[…] Institution einer philosophisch begründeten Ganzheit aller Wissenschaften, die universitas litterarum […] (Müller 1990: 292)" im Jahr 1810. Damit verbunden erhält ein *Bildungs- und Wissenschaftsbegriff* Einzug in das deutsche Bildungssystem, an dem sich die Universitäten noch bis in die Gegenwart messen lassen müssen.[21] Die Universitätsreform in der ersten Hälfte des 19. Jahrhunderts wurde im Rahmen einer allgemeinen Bildungsreform konzipiert, welche wiederum Teil der gesamten Stein-Hardenbergschen Reformen[22] auf politischem, ökonomischem und verwaltungsrechtlichem Gebiet waren. Die Universitätsgründung der preußischen Reformbewegung ist dabei als eines der erfolgreichsten Projekte zu bewerten. Dafür sprechen auch die ersten Berufungen der Berliner Universität, die mit Georg Friedrich Wilhelm Hegel (Philosophie), Christoph Wilhelm Hufeland (Medizin), Karl Friedrich von Savigny (Jura), August Boeckh (Klassische Philologie) und Albrecht Daniel Thear (Landwirtschaft) bereits einige große Intellektuelle umfassen. (vgl.

Mutter Elisabeth von Humboldt, geb. Colomb (1741-1796), entstammen beide adligen Sippen. Zwei Jahre nach der Geburt von Wilhelm von Humboldt wird sein Bruder Alexander von Humboldt (1769-1859), der berühmte Naturwissenschaftler, geboren. Wilhelm von Humboldt studiert an der Universität Frankfurt an der Oder Rechtswissenschaften und wechselt zum Studium der Philosophie an die Universität Göttingen. 1791 heiratet er Caroline Friederike von Dacheröden, die Tochter eines preußischen Kammergerichtsrates. Seine berufliche Laufbahn erstreckt sich von Tätigkeiten bei Gericht, in Wissenschaft und Literatur bis zur Diplomatie. So vertritt Humboldt Preußen von 1802-1808 beim Vatikan und wird anschließend im Jahr 1809 Geheimer Staatsrat und Sektionschef für Kultus und Unterricht im Ministerium des Innern in Berlin. Es folgen Aufenthalte als preußischer Gesandter in Wien und London. Bevor er 1819 aus dem Staatsdienst ausscheidet, vertritt er Preußen 1814/15 noch auf dem Wiener Kongress zur Neuordnung Europas nach den französischen Koalitionskriegen von 1792-1815 (Napoleonische Kriege). Politisch ist Humboldt als strenger Konservativer charakterisierbar, da er ausdrücklich sowohl die amerikanische als auch die französische Variante der Revolution sowie eine demokratisch-parlamentarische Option der Gesellschaftsordnung ablehnt. (vgl. Berglar 1985: S. 16ff, 124, 158ff)

[21] Humboldt hat seine Ansichten zur Bildung des Menschen allerdings nicht in einem zusammenhängenden und abgeschlossenen Werk vorgestellt. Viele seiner, zum Teil fragmentarisch gebliebenen, Schriften und Briefe enthalten Hinweise auf eine Theorie der Bildung. Dabei müssen allerdings auch seine sprachphilosophischen und literarischen Arbeiten berücksichtigt werden. Ein im Jahr 1793 veröffentlichtes Fragment trägt den Titel *Theorie der Bildung* mit dem Untertitel *Bruchstück*. (vgl. Humboldt 1964: 5)

[22] Die Hauptinitiatoren des gesamten Reformpaketes nach den französischen Koalitionskriegen waren Karl Freiherr vom Stein und Karl August Fürst von Hardenberg. Wilhelm von Humboldt war ausschließlich für die Reform des Bildungswesens zuständig. Trotz Engagement und Liberalität blieben die Reformen letztlich unvollendet, da alle drei Persönlichkeiten – Stein als mittelalterliebender Romantiker, Hardenberg als Vertreter des Ancien Régime und Humboldt als aristokratisch-klassizistischer Bildungsdiktator – jeweils in eigenen machtpolitischen Interessen handelten. (vgl. Berglar 1985: 83)

http://www.hu-berlin.de)[23] Der humboldtsche Universitätstypus stellt bis in das
20. Jahrhundert hinein, das Muster der Universität in der Moderne dar. Es basiert
auf den drei Säulen: „Freiheit der Wissenschaft, Einheit von Lehre und Forschung und Wissenschaft als Bildung." (Müller 1990: 293)
    Humboldt versteht *Wissenschaft* dabei als individuelle Bildung um ihrer
selbst willen. Damit steht er in der Tradition des von der Aufklärung getragenen
deutschen Idealismus und orientiert sich an Rousseau, Locke, Montesquieu und
den französischen Aufklärungsphilosophen. (vgl. Berglar 1985: 56)
    Er beschreibt „[...] Wissenschaft als etwas noch nicht ganz Gefundenes und
nie ganz Aufzufindendes [...] (Humboldt in Müller 1990: 275)". Wissenschaft
sei demnach die lebenslange Suche nach Erkenntnissen mit dem Bewusstsein,
dass diese Suche nie zum Auffinden eines Ergebnisses führen wird, welches die
Suche beendet.

> „Sobald man aufhört eigentlich Wissenschaft zu suchen, oder sich einbildet, sie
> brauche nicht aus der Tiefe des Geistes heraus geschaffen, sondern könne durch
> Sammeln extensiv aneinandergereiht werden, so ist alles unwiederbringlich verlo-
> ren; verloren für die Wissenschaft, die wenn dies lange fortgesetzt wird, dergestalt
> entflieht, daß sie selbst die Sprache wie eine leere Hülse zurückläßt und verloren für
> den Staat." (ebd.: 275f)

So dürfe die Universität, Wissenschaft nicht als „ganz aufgelöstes Problem behandeln und [müsse] daher immer im Forschen bleiben [...] (Humboldt in Müller 1990: 274)". Parallel zur individuellen Bildung der Bürger habe Wissenschaft
außerdem den Zweck der Bildung einer moralischen Kultur der Nation, welche
für Geist und Sitte der Bürger von Nutzen sein solle.
    „Neben Historisierung und Nationalisierung bedeutet Bildung auch, und das
ist ihre dritte Dimension, Verinnerlichung der Kultur." (Assmann 1993: 25) Den
Schülern und Studenten, also den späteren, die Gesellschaft lenkenden Bürgern,
sollen mit einer „Wissenschaft, die aus dem Innern stammt und ins Innere ge-
pflanzt" (Humboldt in Müller 1990: 276) wird, normative Verhaltensweisen und
Ideologien vermittelt werden können. (vgl. ebd.: 273) Alle staatlichen Schulen
sollen nach Humboldt eine allgemeine Menschenbildung erreichen. Erst nach
einer Phase des allgemeinen Unterrichts sollen Fähig- und Fertigkeiten für unterschiedliche Laufbahnen beruflicher und wissenschaftlicher Art erworben werden.
Finde diesbezüglich eine Vermischung statt, so werde Bildung unrein. (vgl.

---

[23] Mit der Erweiterung des Fächerspektrums lehren bald nach der Universitätsgründung auch Ale-
xander von Humoldt (Naturwissenschaften), August Wilhelm von Hofmann (Chemie), Hermann von
Helmholtz (Physik), Ernst Kummer (Mathematik), Leopold Kronecker (Mathematik), Karl Theodor
Weierstraß (Mathematik), Johannes Müller (Medizin) und Rudolf Virchow (Medizin) an der Berliner
Universität. (vgl. http://www.hu-berlin.de/ueberblick/geschichte/hubdt_html)

Humboldt 1964: 5f; Humboldt 1994: 23) Man erhalte dann „weder vollständige Menschen noch vollständige Bürger einzelner Klassen. Denn beide Bildungen – die allgemeine und die spezielle – werden durch verschiedene Grundsätze geleitet. Durch die allgemeinen sollen die Kräfte, das heißt, der Mensch selbst gestärkt, geläutert und geregelt werden; durch die spezielle soll er nur Fertigkeiten zur Anwendung erhalten. [...] Ein Hauptzweck der allgemeinen Bildung ist, so vorzubereiten, dass nur für wenige Gewerbe noch unverstandene und also nie auf den Menschen zurückwirkende Fertigkeit übrig bleibe. (Humboldt 1994: 23)"

Sein *Bildungsbegriff* ist eng an einem Ideal der griechischen Antike orientiert und damit schließlich so wenig massentauglich, wie sein Entwurf des humanistischen Gymnasiums und der Universität. Die privilegierte Persönlichkeitsgenese in der Antike entbehrt jedem Sinn für die Lage der unterdrückten Mehrheit der Gesellschaft. Nach aristotelelischem Vorbild ist die ehrbare Tätigkeit von praktischer Arbeit schließlich völlig losgelöst, in einem über allem schwebenden Raum der Bildung verortet.[24] (vgl. Pfadenhauer 2003: 15f)

Im Sinne der Aufklärung mit ihrem von Kant formulierten Sapere aude![25] fordert Humboldt eine Universität der Bürger, wenngleich er konstatiert, dass „dies [intellektuelle] Streben [...] in voller und reiner Kraft [...] überhaupt nur in Wenigen sein [...] (Humboldt in Müller 1990: 276)" könne.

Scheinbar egalitär geht Humboldt von demselben Fundament des gemeinsamen Unterrichts an Elementarschulen aus, setzt jedoch „[d]ie Grenze des Unterrichts, da wo derselbe nicht seinen Endpunkt, die Universität, als die Emanzipation vom eigentlichen Lehren [...] erreicht, kann nun durch nichts andres bestimmt werden, als durch die zu allem Unterricht nötigen Bedingungen Kraft und Zeit. Soweit der Schüler das eine hergibt, und zum anderen Mittel hat, so weit kann der Lehrer ihn führen, und so weit muß der Staat dafür sorgen, daß er gebracht werden könnte [...] (Humboldt 1964: 24f)". Mit diesen ambivalenten Positionen wird Humboldts aristokratisch privilegierte Position in der Gesellschaft seiner Zeit allerdings nur zu deutlich.

Das dreigeteilte Bildungswesen mit einer für alle Bürger obligatorischen Elementarschule, einem humanistischen Gymnasium und der Universität an der Spitze, geht auf die humboltschen Forderungen im *Königsberger* und *Litauischen Schulplan* zurück. Die Einheit im Bildungswesen wird dabei mit dem

---

[24] Nach Michaela Pfadenhauer hat die Genese der Professionalität im Hinblick auf Arbeit als conditio humana bei Aristoteles ihren Ursprung, der zwischen Bildung und Bürgertugenden als *Praxis* und Hervorbringung und Produktion von Dingen als *Poiesis* unterscheidet. Am Leben der Polis haben in der Antike allerdings nur Männer teil, die nicht auf körperliche Arbeit zur Existenzsicherung angewiesen sind. Arbeitende und Unfreie sind bei den alten Griechen somit Sklaven, Knechte und Kriegsgefangene. Bildung und Bürgertugenden sind im Gegensatz zu körperlicher Arbeit gesellschaftlich angesehen. (vgl. Pfadenhauer 2004: 15f)
[25] „Habe Mut, dich deines eigenen Verstandes zu bedienen!" (Kant in Vorländer 2004: 237)

Zueinanderarbeiten des dreigeteilten Elementar-, Schul- und Universitätsunter-
richts erreicht. So spricht sich Humboldt deutlich gegen die Mittelschule als
Übergang vom Elementarunterricht zum Gymnasium oder als praxisorientierte
Alternative zur gymnasialen Bildung aus. (vgl. Humboldt 1964: 11ff)

Die Aufgabe der Elementarschule sei „bloß instand setzen, Gedanken zu
vernehmen, auszusagen, zu fixieren, fixiert zu entziffern, und nur die Schwierig-
keit überwinden [...] (ebd.: 12)", sie soll auf den eigentlichen Unterricht vorbereiten. „Der Zweck des Schulunterrichts [insgesamt] ist die Übung der Fähigkeiten, und die Erwerbung der Kenntnisse, ohne welche wissenschaftliche Einsicht
und Kunstfertigkeit unmöglich ist." (ebd.) Wie die Aufgaben des Lernens, Sam-
melns, Vergleichens, Ordnens und Prüfens der Schulbildung zugeordnet werden,
so gilt Forschung als innere Leitidee der Universität. Dabei betont Humboldt die
Notwenigkeit des anregenden Forschungsklimas. Dazu gehört die Erfüllung des
gemeinsamen Dienstes an der Wissenschaft, bei welchem Professoren und Studenten gleichberechtigt arbeiten.

> „[D]as wesentlich Notwendige ist, daß der junge Mann zwischen der Schule und
> dem Eintritt in ins Leben eine Anzahl von Jahren ausschließlich dem wissenschaftli-
> chen Nachdenken an einem Orte widme, der viele, Lehrer und Lernende in sich ver-
> einigt." (ebd.: 13f)

Mit der Ablehnung Humboldts, die akademische Tätigkeit von der lehrenden
Tätigkeit eines Wissenschaftlers zu trennen, entsteht die Formel der *Einheit von
Forschung und Lehre*, welche die Verbindung von lehrendem Forschen und
forschendem Lehren impliziert. (vgl. Humboldt in Müller 1990: 279f) Die Ein-
heit der Bildung kann nach Humboldt im humanistischen Sinne als idealistische
Typusbildung des Subjekts charakterisiert werden.

Das *Verhältnis von Schule und Universität* ist nach Humboldt ein wechsel-
seitiges. Ebenso wie das Gymnasium auf die Universität vorbereiten müsse, habe
die Universität die Aufgabe, „innerlich die objektive Wissenschaft mit der subjektiven Bildung, äußerlich den vollendeten Schulunterricht mit dem beginnenden Studium unter eigener Leitung zu verknüpfen oder vielmehr den Übergang
vom einen zum anderen zu bewirken (Humboldt in Müller 1990: 273)". Die
Zusammenarbeit von Schule und Universität müsse oberstes Prinzip der Organisation im Bildungswesen sein, damit der Entwicklung der Schüler zu Studenten
und potentiellen Wissenschaftlern nichts im Wege steht. Dabei sei der Staat
verpflichtet, die Schulen im Allgemeinen und das humanistische Gymnasium im
Besonderen so zu organisieren, dass sie ihre Schüler auf die Universität vorberei-

ten.[26] Das humanistische Gymnasium übernimmt in diesem Konzept des dreigeteilten Systems eine Brückenfunktion als Gelehrtenschule zwischen Elementarschule und Universität.

Im *königsbergischen Schulplan* hält Humboldt die drei Stadien des Unterrichts fest: „Elementarunterricht [,] Schulunterricht [,] Universitätsunterricht."
(Humboldt 1964: 12)
Die Schulen sollen nicht „schon den Unterricht der Universitäten [...] antizipie-
ren, noch die Universitäten ein bloßes, übrigens gleichartiges Komplement zu
ihnen, nur eine höhere Schulklasse sind, sondern daß der Übertritt von der Schule zur Universität ein Abschnitt im jugendlichen Leben ist, auf den die Schule im
Falle des Gelingens den Zögling so rein hinstellt, daß er physisch, sittlich und
intellektuell der Freiheit und Selbstständigkeit überlassen werden kann und, vom
Zwange entbunden, nicht zu Müßiggang oder zum praktischen Leben übergehen,
sondern eine Sehnsucht in sich tragen wird, sich zur Wissenschaft zu erheben,
die ihm bis dahin nur gleichsam von fern gezeigt war (Humboldt in Müller 1990:
278)".

Die Universitäten dürfen demnach unter gar keinen Umständen wie Schulen
organisiert werden. Eine alle wichtigen Grundlagen umfassende Allgemeinbildung erhält man nach dem humboldtschen Konzept in der (Elemtar-)Schule, eine
Vorbereitung auf eine akademische Laufbahn durch die Gelehrtenschule – das
humanistische Gymnasium – und eine spezielle Bildung erfahre man in der Uni-
versität. Der Elementarunterricht ermögliche den Lehrer, während der Schulun-
terricht ihn entbehrlich mache und der Universitätslehrer schließlich lediglich die
Forschung der Studenten anleite. Verschulte Studiengänge mit verbindlichen
Studienplänen und ein fest vorgeschriebenes Studienende verstoßen gegen die
Prämisse der unterschiedlichen Organisation von Schule und Universität. „[D]er
Universitätsunterricht [hat] keine Grenze nach seinem Endpunkt zu, und für die
Studierenden ist, streng genommen, kein Kennzeichen der Reife zu bestimmen."
(Humboldt 1964: 13)

In diesem Kontext kann außerdem der *Unterschied zwischen Bildung und
Ausbildung* verdeutlicht werden, da eine Ausbildung alle Merkmale aufweist, die
für Bildung als schädlich erachtet werden. Es sind diejenigen Eigenschaften,
welche für staatliche Schulen kennzeichnend sind: „[D]ie Schule [hat] es nur mit
fertigen und abgemachten Kenntnissen zu tun [...] und lernt." (Humboldt in
Müller 1990: 274) An der Universität hingegen streben Studierende und Dozie-
rende nach Erkenntnis und ihre Tätigkeit ist eine forschende.

---

[26] Humboldt selbst, der Schulreformer und Begründer der deutschen Universität hat im Übrigen nie
eine öffentliche Schule besucht und ebenso wenig am Gemeinschaftsleben der Studenten teilgenommen. (vgl. Berglar 1985: 21)

Auch „[d]as *Verhältnis zwischen Lehrer und Schüler* [Hervorh.: J.Ch.M.] wird
daher durchaus ein anderes als vorher. Der erstere ist nicht für die letzteren,
beide sind für die Wissenschaft da; sein Geschäft hängt mit an ihrer Gegenwart
und würde, ohne sie, nicht gleich glücklich vonstatten gehen; er würde, wenn sie
sich nicht von selbst um ihn versammelten, sie aufsuchen, um seinem Ziele näher zu kommen durch die Verbindung der geübten, aber eben darum auch leich-
ter einseitigen und schon weniger lebhaften Kraft mit der schwächeren und noch
parteiloser nach allen Richtungen mutig hinstrebenden. (Humboldt in Müller
1990: 274)" Der Schulunterricht besteht noch aus der Interaktion von Lehrenden
und Lernenden, doch die universitäre Lehre umfasse lediglich Forschende. Dabei
sind die Professoren als selbstständig Forschende und die Studenten als geleitet
Forschende charakterisierbar. (vgl. Berglar 1985: 87) Humboldts Forderung nach
der Einheit von Forschung und Lehre impliziert, die Rolle der Lehrenden betreffend, außerdem die Einheit von Forscher und Lehrer in einer Person. (vgl. ebd.:
95)

    Von den Universitäten deutlich zu unterscheiden sind letztlich nicht aus-
schließlich die Schulen, sondern außerdem die so genannten *Akademien*[27]. Der
zentrale Unterschied besteht darin, dass „[…] die Universität nämlich […] immer in engerer Beziehung auf das praktische Leben und die Bedürfnisse des
Staates [steht], da sie sich immer praktischen Geschäften für ihn, der Leitung der
Jugend, unterzieht; die Akademie aber hat es rein nur mit der Wissenschaft an
sich zu tun […] (Humboldt in Müller 1990: 281)". Akademien sind demnach
Forschungsanstalten, an denen die dort beschäftigten Wissenschaftler nicht mit
der Lehre beauftragt werden. Humboldt wendet sich in diesem Kontext deutlich
gegen das Modell der Universität als ausschließlich lehrendem Gegenstück zur
forschenden Akademie. Er verweist darauf, dass „[d]ie Wissenschaften […]
ebensosehr und in Deutschland mehr durch die Universitätslehrer als durch die
Akademiker erweitert worden, und diese Männer […] gerade durch ihr Lehramt
zu diesen Fortschritten in ihren Fächern gekommen [sind] (Humboldt in Müller
1990: 279)".

    Wissenschaft im Dialog sei der Lektüre wissenschaftlicher Schriften in
nichts unterlegen und ihr gegenüber deutlich lebendiger. „Das Universitätslehren
ist ferner kein so mühevolles Geschäft, daß es als eine Unterbrechung der Muße
zum Studium und nicht vielmehr als ein Hilfsmittel zu demselben gelten müßte."
(ebd.: 280) Aus der Einheit von Forschung und Lehre gewinnt der lehrende und
forschende Hochschullehrer schließlich weitere, für Forschung und Lehre be-
deutsame, Erkenntnis.

---

[27] Mit der Überschrift *Von der Akademie* bricht Humboldts Manuskript *Über die innere und äußere
Organisation der höheren wissenschaftlichen Anstalten in Berlin* auf der elften Seite ab. (vgl. Humboldt in Müller 1990: 283)

Das *Verhältnis von Universität und Staat* müsse nach Humboldt durch intellektuelle Freiheit und finanzielle Unabhängigkeit gekennzeichnet sein. Im humboldtschen Sinne können die Universitäten ihren Zweck nur dann erreichen, wenn sie in *„Einsamkeit und Freiheit"* [Hervorh.: J.Ch.M.] (ebd.: 274) arbeiten. Die Kraft der Wissenschaft und die Leidenschaft der Studenten und Dozenten, könne sich nur in einer Umgebung ohne Zwänge entwickeln. Die Zusammenarbeit der Universitätsangehörigen müsse sich als ungezwungenes und absichtsloses Zusammenwirken gestalten. (vgl. ebd.)

Der Staat habe die Pflicht, die Mittel für diese vor allem durch Freiheit gekennzeichnete geistige Arbeit an der Universität bereitzustellen, solle sich aber in Sachen Organisation und Kontrolle so weit als möglich heraushalten. Allein die Tatsache, dass die Mittel von staatlicher Seite kämen, könne sich nachteilig zeigen, da „das Geistige und Hohe in die materielle und niedere Wirklichkeit herab[gezogen] (ebd.: 275)" würde. Der Staat sollte auf lange Sicht zwar als Erzieher des Volkes entsprechende Gesinnungen pflanzen, doch im Bereich der Finanzierung des Bildungswesens waren Fonds der kommunalen Selbstverwaltung geplant. (vgl. Berglar 1985: 86)

Staatliche Einmischung in universitäre Kontexte behindere die Funktion der Universität und gefährde die optimale kulturelle Entwicklung der Nation. So müsse der Staat

> „1. die Tätigkeit immer in der regsten und stärksten Lebendigkeit [...] erhalten;
> 2. sie nicht herabsinken [...] lassen, die Trennung der höheren Anstalt von der Schule [...] rein und fest [...] erhalten [...] und erkennen [...], daß er nicht eigentlich dies bewirkt noch bewirken kann, ja daß er vielmehr immer hinderlich ist, sobald er sich hineinmischt, daß die Sache an sich ohne ihn unendlich besser gehen würde [...] (Humboldt in Müller 1990: 274f)".

Im Bereich der finanziellen Ausstattung der Universität dürfe nicht davon ausgegangen werden, dass finanzieller Reichtum mit geistigem Reichtum gleichzusetzen sei oder letzteres die Folge des ersteren wäre. Humboldt merkt an, „daß ja nicht die Anhäufung toter Sammlungen für die Hauptsache zu halten, vielmehr ja nicht zu vergessen ist, daß sie sogar leicht beitragen, den Geist abzustumpfen und herabzuziehen, weshalb auch ganz und gar nicht die reichsten Akademien und Universitäten immer diejenigen gewesen sind, wo die Wissenschaften sich der tiefsten und geistvollsten Behandlung erfreuten [...] (Humboldt in Müller 1990: S. 278f)".

Er sieht die Freiheit der Universität einerseits in der finanziellen Abhängigkeit zum Staat sowie andererseits in der Gefahr durch die Wissenschaft behindernde Berufungen bedroht. „Der Freiheit droht [...] Gefahr [...] von den Anstalten selbst, die, wie sie beginnen, einen gewissen Geist annehmen und gern das Aufkommen eines anderen ersticken." (ebd.: 277)

Den Anfang der Umgestaltung des Bildungswesens müsse nach Humboldt jedoch die Macht und Autorität des Staates dirigierend herbeiführen, hier sei akademische Freiwilligkeit nicht zielführend. (vgl. Berglar 1985: 96) Die Wahl der Professoren, welche für die geistige Kraft der Wissenschaft und der internationalen Vormachtstellung der preußischen Nation verantwortlich sein sollen, hat Humboldt für die Eröffnung der Universität zu Berlin schließlich selbst in die Hand genommen und „[n]iemals wieder hatte ein deutscher Unterrichtsminister eine stolzere Berufungsliste vorzuweisen. Evangelische Theologie: Schleiermacher; Jurisprudenz [...]: Savigny; Medizin: Hufeland; Philosophie: Fichte; Altphilologie: F.A. Wolf; Geschichte: Niebuhr; Agronomie: Thaer; Chemie: Klaproth (Berglar 1985: 94f)". [28]
Humboldt verortet zwischen Individuum und Menschheit die Mittlerinstanz der Nation. (vgl. Berglar 1985: 61) Der Strukturwandel von der altständischen Gesellschaft hin zur bürgerlichen Gesellschaft nimmt auch Einfluss auf die Geschichte der Bildung. Nach wie vor soll Bildung allerdings Kultur sichern und garantiert schließlich in Zeiten des sozialen Umbruchs die Reorganisation und Integration gesellschaftlicher Gruppen. (vgl. Assmann 1993: 28ff)

Da Humboldts Bildungsideal bis in die Gegenwart hinein Gegenstand der bildungs- und hochschulpolitischen Debatten ist, so muss gefragt werden:

> „Humboldt heute – was ist geblieben, was lebt und wirkt noch? Für den Staatsmann Humboldt ist das schnell beantwortet: von den rund achtzehn Jahren seiner amtlichen Tätigkeit sind es die sechzehn Monate als Sektionschef des preußischen Unterrichtswesens, die eine dauernde Prägung der deutschen Entwicklung hinterlassen haben und deshalb heute unser erneutes kritisches Interesse finden müssen."
> (Berglar 1985: 10)

Rückblickend betrachtet, basiert die gesamte Organisation des Ablaufs in Bildungsanstalten – vom Schuljahr, über den Wochenstundenplan, bis zur Unterrichtpflicht der Schüler und der Lehrpflicht der Lehrer sowie dem Abitur als Hochschulreifeprüfung – auf den allgemeinen Schulreglements, die von Humboldt geschaffen wurden. (vgl. Berglar: 89f) Den wünschenswerten Zustand

---

[28] Die Universität zu Berlin erlebte allerdings bereits vor ihrer Eröffnung im Jahr 1810 einen bitteren Rückschlag, da Humboldt nach der Berufung des Staatskanzlers Hardenberg und der damit einhergehenden politischen Schwächung des liberalen Flügels der Reformpartei sein Demissionsgesuch einreichte. Anstelle der von Stein geplanten Arbeit aller Ressortminister im Kollegium trat ein autoritär-bürokratisches System und der ausgesprochen antiliberale Friedrich Schuckmann übernahm die Stelle Humboldts. Dieser verhinderte maßgeblich die von Humboldt intendierte Selbstverwaltung der Universität und untergrub bald darauf die professorale Zensurfreiheit. (vgl. Müller 1990: 309)

einer gelungenen Schul- und Bildungslaufbahn, also das, was man gemeinhin als Allgemeinbildung bezeichnet, „[d]ie E i n h e i t einer Allgemeinbildung vom ersten Eintritt in die Sexta bis zum Universitätsabschluß ist, etwas überspitzt ausgedrückt, seine Erfindung gewesen. Und es ist eine große [...] Erfindung gewesen: denn es sollte ein einheitlicher, universal gebildeter Deutscher geschaffen werden, den Philosophen, Philologen und Dichter in ihren Studierstuben entworfen hatten. (ebd.: 92)" Vor jeder Berufsausbildung sollte jeder Bürger eine allgemeine Bildung erwerben. Es geht Humboldt „um die Ausbildung der Menschheit, als ein Ganzes [...] (Humboldt 1964: 5)"; allerdings durchaus nicht unabhängig vom gesellschaftlichen Stand.

Wilhelm von Humboldt verfolgte mit seinen Beiträgen zur Bildungsreform das Ziel der Bildung der gesamten Gesellschaft. Dabei handelt es sich, seinem Gesellschaftsverständnis nach, freilich nicht um gleiche Bildung für alle Gesellschaftsmitglieder, sondern um Bildungschancen nach Standeszugehörigkeit differenziert. Er setzte sich für das dreigeteilte Schulsystem und gegen berufsständische Realschulen und Militärakademien ein. Seinem Ideal entspricht eine Herrschaft von Bildung, Weisheit und Tugend um dem Begriff der Menschheit einen würdigen Gehalt zu geben. Da der Mensch allgemein, unabhängig welchem Stand er angehört, soviel Welt wie möglich zu ergreifen versuche, gelte es, die Interaktion von Individuum und Welt zu fördern um geistig rege und tatkräftige Bürger zu erziehen. Der Staat müsse „[...] die Tätigkeit immer in der regsten und stärksten Lebendigkeit erhalten [...] (Humboldt in Müller 1990: 275)", damit dem menschlichen Leben durch lebendiges Wirken ein Inhalt verschafft werden könne. Dabei sei eine ausgewogene Beziehung von innerer und äußerer Interaktion zur Vermeidung von Entfremdung zu beachten. Humboldt erkennt, dass Menschen Gegenstände benötigen, welche die „Wechselwirkung ihrer Empfänglichkeit und Selbsttätigkeit" (Humboldt 1964: 8) ermöglichen. Die kognitiven Kompetenzen sollen für die basale Ausbildung und gegebenenfalls für die weiterführende Bildung genutzt werden, um pflichtbewusste Staatsbürger zu erhalten, die zur Erhaltung der Ordnung im Staat beitragen und im Falle der Forschungstätigkeit maßgeblich die internationale, kulturelle Hegemonie des Staates vorantreiben. (vgl. Knoll/Siebert 1969: 115ff)

Humboldt hat auch in der Gegenwart für die in Organisation, Lehre und Forschung der Universität tätigen Fachkräfte sowie für die Studierenden eine große Bedeutung. Seine Forderungen über die Organisation der Universität werden in der öffentlichen Bildungsdebatte schließlich immer noch als Ideal proklamiert. Doch seine Vorstellungen von Staat und Universität sind gänzlich letzten Endes lediglich in einer „community of Humboldt's" (Gooch zit. n. Kaehler 1963: 150) möglich.

Es ist fraglich, inwiefern uns Humboldts Werk auch heute noch kluge Alternativpositionen zu einer zur Ware geformten und dessen Fetischcharakter unterworfenen Bildung an Schulen und Hochschulen liefert. „[...] [B]lieb [er] [doch] in ein Zwischenreich zwischen marmorn-idealer Griechen-Irrealität und konservativ fortschrittlichem Preußen-Kosmopolitismus eingeschlossen – Symbolgestalt aller deutschen Zwiespalte."[29] (Berglar 1985: 54) Somit sollte man sich insgesamt besser davor hüten, ein „Mixtum compositum aus Winckelmann-Antike, Kantischer Ethik und Freundes-Vorbildern in Goethe und Schiller (ebd.: 14)" zum Exempel eines egalitären Bildungsbegriffs für die (post-)moderne Gesellschaft zu stilisieren.[30]

2.1.3 Die „klassische" Bildungsdebatte

Die Debatte über Bildung im ausgehenden 18. und beginnenden 19. Jahrhundert ist freilich nicht ausschließlich von Immanuel Kant und Wilhelm von Humboldt bestimmt. Um die so genannte „klassische" Bildungsdebatte in ihren Grundzügen zu skizzieren, sind noch mindestens drei weitere Klassizisten erwähnenswert: Johann Gottlieb Fichte[31], Friedrich Daniel Ernst Schleiermacher[32] und Georg Friedrich Wilhelm Hegel[33].

Immanuel Kant unterscheidet das „enzyklopädische Wissen" nach menschlichen Bedürfnissen und daraus resultierenden Staatszwecken sowie nach wissenschaftlichen Prinzipien, indem er fragt: Was kann ich wissen? Was darf ich tun? Was soll ich glauben und hoffen? (vgl. Müller 1990: 296) Die Philosophie hatte bereits bei Kant ihre Rolle als eigentliche Universität angemeldet. Doch war schließlich die Philosophie von Fichte bis Schelling und die damit einhergehende klassische Bürgerlichkeit notwendig, deren Grundlage die gesellschaftliche Arbeitsteilung darstellt, um dieses Konzept institutionalisierbar zu machen. „Der kritische Akzent Kants blieb bei der Berliner Universitätsgründung weitge-

---

[29] So deutet Humboldt beispielsweise die antike Vergangenheit in romantizistischer Manier idealiter und antizipiert sie dabei lediglich ausschnittartig. (vgl. Kaehler 1963: 118)

[30] „Ihn kümmerte nicht – ja der Gedanke kam ihm gar nicht –, wie es [...] mit «Genuß» und «Bedürfnis» bei den Armen, den Gedrückten, dem Bodensatz der Gesellschaft, auf deren Höhen er zeitlebens wandelte, sich verhalte." (Berglar 1985: 13)

[31] Johann Gottlieb Fichte (1762-1814) vor allem mit seinem Text „Deduzierter Plan einer zu Berlin zu errichtenden höhern Lehranstalt, die in gehöriger Verbindung mit einer Akademie der Wissenschaft stehe" [1807].

[32] Friedrich Daniel Ernst Schleiermacher (1768-1834) vor allem mit seinem Text „Gelegentliche Gedanken über Universitäten in deutschem Sinn. Nebst einem Anhang über eine neu zu errichtende" [1808].

[33] Georg Friedrich Wilhelm Hegel (1770-1831) vor allem mit seinem Text „Über den Vortrag der Philosophie auf Universitäten" [1810].

hend unberücksichtigt; Schleiermacher oder Humboldt plädierten später eher für eine (indes illusionäre) Freiheit der Wissenschaften von Staat und Gesellschaft." (ebd.: 295)

Johann Gottlieb Fichte skizziert mit seinem Text Deduzierter Plan einer zu Berlin zu errichtenden höhern Lehranstalt, die in gehöriger Verbindung mit einer Akademie der Wissenschaft stehe [1807] in 67 Paragraphen seine Vorstellung einer idealen Universität und Wissenschaftslehre. (vgl. Fichte in Spranger 1919: 3ff) Dieses Gutachten blieb allerdings Behördensache und wurde erst 1817 gedruckt. (vgl. Berglar 1985: 91) Darin unternimmt Fichte den Versuch der Organisation aller universitären Lebens- und Lernbereiche unter der Maßgabe einer Nationalerziehung, welche die, durch die napoleonischen Kriege, entzweiten Völker zumindest geistig einen solle. (vgl. Fichte in Spranger 1919: 104)

Das Eigentümliche der Hochschule nach Fichtes Idee besteht in der „dialogischen Form" der universitären Lehrveranstaltung. Seine didaktischen Vorstellungen weichen deutlich von der rezitierenden Lehre der mittelalterlichen Universität ab, da Fichte diese Art der Lehre als „leidende[s] Hingeben" im Gegensatz zu wünschenswerter Selbsttätigkeit des Geistes begreift. (vgl. Fichte in Spranger 1919: 4f)

> „Nicht bloß der Lehrer , sondern auch der Schüler muß fortdauernd sich äußern und mitteilen, so dass ihr gegenseitiges Lehrverhältnis werde eine fortlaufende Unterredung, in welcher jedes Wort des Lehrers sei Beantwortung einer durch das unmittelbar Vorhergegangene aufgeworfenen Frage des Lehrlings, und Vorlegung einer neuen Frage des Lehrers an diesen, die er durch seine nächstfolgende Äußerung beantworte; und so der Lehrer seine Rede nicht richte an ein ihm völlig unbekanntes Subjekt, sondern an ein solches, das sich ihm immerfort bis zur völligen Durchschauung enthüllt; dass er wahrnehme dessen unmittelbares Bedürfnis, verweilend, und in andern und wieder andern Formen sich aussprechend, wo der Lehrling ihn nicht gefasst hat, ohne Verzug zum nächsten Gliede schreitend, wenn dieser ihn gefasst hat; wodurch denn der wissenschaftliche Unterricht aus der Form einfach fortfließender Rede, die er im Buchwesen auch hat, sich verwandelt in die dialogische Form [...]."
> (Fichte in Spranger 1919: 9f)

Ähnlich wie Humboldt, sieht Fichte das Bildungswesen dreigeteilt in die Volksschule, die niedere Gelehrtenschule und die höhere Gelehrtenschule – er formuliert dies als unteren, mittleren und oberen Stamm der Pädagogik. (vgl. ebd.: 21f) Das Verhältnis zwischen Lehrenden und Studenten an der Universität ist in seinem Plan, neben der selbstverständlichen intellektuell-kunstfertigen Überlegenheit der Lehrenden, schließlich, auch ähnlich wie bei Humboldt, durch die gemeinsame Arbeit an der Sache gekennzeichnet. (ebd.: 9f) Die Bezeichnung der Lehrenden als Lehrer oder Meister und die Bezeichnung der Lernenden als Schü-

ler, Zöglinge oder Lehrlinge (ebd.: 9f, 27) lässt allerdings eine deutlich größere
Nuance der Betonung eines Statusunterschieds zwischen „lernenden" und „lehrenden Subjekt[en]" erkennen. (ebd.: 54) In Zusammenarbeit mit der Universität
sieht Fichte letztlich die Akademie der Wissenschaft, die in Verbindung mit
allen anderen wissenschaftlichen Institutionen ein vollendetes Staatenverhältnis
nachbilden soll. (ebd.: 103)

> „Fichtes Akademie (die – als gleichsam esoterische Universität – sich im Schoße der
> alten erst emanzipieren muß) soll zur Quelle des sozialen und kulturellen Fort-
> schritts überhaupt werden. Sie soll den „Gelehrten" hervorbringen, den Fichte in
> früheren Vorlesungen als den „Lehrer und Erzieher des Menschengeschlechts" kon-
> struiert hatte und der die „oberste Aufsicht über den wirklichen Fortschritt des Men-
> schengeschlechts im allgemeinen, und die stete Beförderung dieses Fortgangs" als
> Mission hat." (Müller 1990: 303)

Auf der Grundlage einer vernunftgeleiteten Philosophie sieht Fichte somit die
Universität als „eine Schule der Kunst des wissenschaftlichen Verstandesge-
brauchs (Fichte in Spranger 1919: 8)" und begreift diejenigen Fächer als Haupt-
fächer, deren Tätigkeit sich nicht in der bloßen praktischen Anwendung, wie dies
beispielsweise in den Fächern der Theologie, Jurisprudenz und Medizin der Fall
sei, erschöpfe. (ebd. 34f) Die Rolle des Staates erschöpfe sich nach Fichtes Vorstellung weitestgehend in der finanziellen Versorgung der Universitätsangehörigen. (ebd.: 60ff)

Auch wenn der moderne Wissenschaftsbegriff Fichte sowohl die Rückfüh-
rung auf schöpferische Akte, als auch die Totalität im Geiste und damit verbundene ewige Fortschrittstendenz zu verdanken habe (vgl. Spranger 1919: XV), so
muss doch „Marx' ironische Frage an die Aufklärung [gestellt werden: Nämlich,] […] wer denn die Erzieher erzöge, ohne daß sich die Gesellschaft wiederum in zwei Teile spalte, von denen der eine über den anderen erhaben sei, trifft
auch Fichte. […] Um die zukünftigen Regenten […] zu schützen, die reine Vernunft also wirklich ganz rein zu halten, geht Fichte nicht zufällig auf Lebensfor-
men und Begriffe des mittelalterlichen, weltflüchtigen Klosterlebens zurück.
Streng abgeschieden von der bürgerlichen Welt leben „Lehrlinge" in einer geis-
tig-egalitären Hierarchie. Die Studenten, insbesondere die „regulares", werden
von den Lehrern „fortdauernd erforscht und in ihrem Geistesgang beobachtet"
[…] und sind schon äußerlich durch Uniformen, „Einheitsbänder", sogar „metal-
lene Nummern" kenntlich […]. Am Ende dieses die Studenten objektivierenden
Prozesses, der in einem klar hierarchischen Verhältnis verläuft, soll dann der
Gelehrte herausgefiltert sein, der doch eher dem nivellierten Einheitsmaß eines
preußischen Kadettenschülers entspräche. Fichtes „Erziehungsanstalt", in der
jede wirkliche, weil individuelle Entwicklung durch Reglementierung abge-

schliffen sein wird, widerspricht den aufklärerischen Idealen, die er erzeugen will: Selbsttätigkeit, verantwortliche Sittlichkeit und republikanische Gesinnung. (Müller 1990: 303f)"

Friedrich Daniel Ernst Schleiermacher will mit seiner Mahn- und Denkschrift Gelegentliche Gedanken über Universitäten in deutschem Sinn [1808] in Zeiten des politischen Auf und Ab das Festhalten an dem Berliner Universitätsprojekt erreichen. (vgl. Anrich 1964) Sein Text wird dabei als wichtigste Grundsatzschrift zur Erneuerung der deutschen Universität bewertet. Inhaltlich kreist Schleiermacher um die beiden Pole der Rolle der Philosophie in Universität und Wissenschaft in Einheit sowie des Verhältnisses von Universität und Wissenschaft zum Staat in Freiheit. (vgl. Berglar 1985: 91f) Er betrachtet die philosophische Fakultät als eigentliche Universität und die weiteren Fakultäten lediglich auf Spezialschulebene tragbar. (vgl. Schleiermacher 1998: 53f) Im Bereich des Verhältnisses von Lehrenden und Studenten geht Schleiermacher mit Humboldt und Fichte d`accord, indem er ebenso die gemeinsame Arbeit am Gegenstand betont:

> „Die Idee der Wissenschaft in den edleren, mit Kenntnissen mancher Art schon ausgerüsteten Jünglingen zu erwecken, ihr zur Herrschaft über sie zu verhelfen und demjenigen Gebiet der Erkenntnis, dem jeder sich besonders widmen will, so daß es ihnen zur Natur werde, alles aus dem Gesichtspunkt der Wissenschaft zu betrachten, alles Einzelne nicht für sich, sondern in seinen nächsten wissenschaftlichen Verbindungen anzuschauen und in einem großen Zusammenhang einzutragen in beständiger Beziehung auf die Einheit und Allheit der Erkenntnis, daß sie lernen, in jedem Denken sich der Grundgesetze der Wissenschaft bewußt zu werden und eben dadurch das Vermögen selbst zu forschen, zu erfinden und darzustellen, allmählich in sich herauszuarbeiten, dies ist das Geschäft der Universität." (Schleiermacher 1998: 35)

Die Zusammenfassung der einzelnen Wissenschaften habe dabei die Philosophie zu bewirken, die in den ersten Jahren des Studiums für alle Studenten ein verpflichtendes Fach darstellen müsse. (vgl. Berglar 1985: 92) Ebenso wichtig, wie ein für alle Studenten verbindliches Kerncurriculum, sei außerdem die Erziehung zum Patriotismus, doch nach Schleiermacher könne Standesdenken nur abgebaut werden und eine Erzeugung von Patriotismus nur gelingen, wenn sich die „Sitte" verändere. (vgl. Schleiermacher 1998: 68ff)[34]

„Pronociert liberal sieht Schleiermacher in der akademischen Freiheit die Entwicklung von wissenschaftlicher Individualität und Selbsttätigkeit begründet. Scharf zieht Schleiermacher die Grenze zwischen Schule und Universität: der

---

[34] Unter „Sitte" versteht Schleiermacher die Gesamtheit der sozialen Verhältnisse. (vgl. Müller 1990: 304)

Student sei keiner äußeren Autorität, außer der Wissenschaft selbst, auch keinen Lehrplänen, sondern seiner eigenen Verantwortung zu unterwerfen." (Müller 1990: 305) Bei Fichte verhält es sich ähnlich, indem er fordert, dass die in Korps zusammengeschlossenen Studenten, ausgestattet mit Rock und Band eine „Ehrliebe" und ein „Gefühl für das Erhabene" entwickeln. (vgl. Fichte in Spranger 1919: 49ff)

Die Studenten sollen nach Schleiermachers Vorstellungen besonders abgeschieden leben und arbeiten, damit sie nicht „[…] in die Leerheit des gewöhnlichen geselligen Verkehrs […] hineingezogen werden […] (Schleiermacher 1998: 76)". Fichte hat eine ähnliche Forderung formuliert, in der er die Notwendigkeit von Absonderung und Isolierung des Studenten betont (vgl. Fichte in Spranger 1919: 15f) und sich damit ebenso nahe am humboldtschen Ideal der Wissenschaft in Einsamkeit und Freiheit bewegt (vgl. Humboldt 1964: 29).

„Provozierend […] wirk[t] Schleiermachers nahezu romantisch-anarchische Gelassenheit gegenüber der viel beklagten „Sittenlosigkeit", der gefürchteten Korpsbildung und der Duelle unter Studenten. Tatsächlich ist auch Schleiermachers Liberalismus nicht frei von der Illusion, daß die bürgerliche Gesellschaft sich in einer geradezu prästabilierten, naturhaften Harmonie entwickele." (Müller 1990. 305)

Der romatizistischen Perspektive Fichtes auf die Beförderung der geistigen Stabilisierung des Nationalstaats mit Hilfe von schlagenden Korps, kann dabei durchaus derselbe Vorwurf gemacht werden. Die so genannten Klassiker sehen die Rituale der in Burschenschaften zusammengefassten Männerbünde geradezu als Voraussetzung für eine umfassende Charakterbildung an.

Bezüglich des Verhältnisses von Staat und Universität argumentiert Schleiermacher, indem er betont, dass der Staat aus utilitaristischem Interesse zwar verwertbare Erkenntnisse fördere, jedoch dem Wesen der Wissenschaft und damit der gesetzmäßigen Einheit des Wissens generell misstraue. (vgl. Schleiermacher 1998: 23) Fichte versucht die Freiheit von Universität und Wissenschaft durch die Gleichsetzung der Philosophenschule mit dem Staat, Schleiermacher hingegen durch strikte Trennung zu erreichen. (vgl. Berglar 1985: 96) Humboldt steht zwischen diesen beiden Positionen, indem er fordert, dass der Staat die Schulen, Universitäten und Akademien je nach Konzeption angemessen behandeln soll. (vgl. Humboldt in Müller 1990: 278)

Georg Friedrich Wilhelm Hegel expliziert seine Vorstellung von der Rolle der Philosophie in der Universität in seinem Text *Über den Vortrag der Philosophie* [1816], den er an einen preußischen Regierungsbeamten und Professorenkollegen richtet. Darin formuliert er die Unabhängigkeit der Wissenschaft von staatlichen Interessen folgendermaßen: „Wir sehen […] einerseits Wissenschaftlichkeit und Wissenschaften ohne Interesse, andererseits Interesse ohne Wissenschaftlichkeit." (Hegel in Müller 1990: 285) Die für eine Universität erhaltenswerten Fakultäten bemisst Hegel dabei in ihrem Nutzen für die Verstandesbildung. (vgl. ebd.) Auch die Philosophie müsse sich an diesem Kriterium messen lassen und eine Umbildung erfahren.

> „So wie es die innere Notwendigkeit der Philosophie mit sich bringt, daß sie wissenschaftlich und in ihren Theilen ausgebildet werde, so scheint mir dies auch der zeitgemäße Standpunkt zu sein, zu ihren vormaligen Wissenschaften lässt sich nicht zurückkehren, die Masse von Begriffen und Inhalt, die sie enthielten, läßt sich aber auch nicht bloß ignorieren; die neue Form der Idee fordert ihr Recht, und das alte Material bedarf daher einer Umbildung, die dem jetzigen Standpunkte der Philosophie gemäß ist." (Hegel in Müller 1990: 287)

Die geordnete Abfolge der Vermittlung sieht Hegel dabei als Grundlage für die Erwerbung bestimmter Kenntnisse an. Bei der Entwicklung des selbstständigen Denkens spiele schließlich das Material eine wesentliche Rolle im Lernprozess. Eine gegenteilige Position müsse in jedem Fall als Vorurteil der Pädagogik entlarvt werden. Denken müsse am Material geübt werden und Gedanken müssten schließlich selbst gedacht werden, damit sie gelernt werden können. (ebd.: 287f)

> „Als propädeutische Wissenschaft hat die Philosophie insbesondere die formelle Bildung und Übung des Denkens zu leisten; dies vermag sie nur durch gänzliche Entfernung vom Phantastischen, durch Bestimmtheit der Begriffe und einen konsequenten methodischen Gang; sie muß jene Übung in einem höheren Maße gewähren können als die Mathematik, weil sie nicht, wie diese, einen sinnlichen Inhalt hat." (Hegel in Müller 1990: 289)

Der Philosoph müsse demnach mehrere Wissenschaften in einer Wissenschaft bündeln und vortragen, während die natürliche und geistige Welt immer dieselbe bleiben. Somit zerfalle auch die Philosophie in einzelne Wissenschaften. Diese wären die Logik, die Naturphilosophie, die Philosophie des Geistes und die Geschichte der Philosophie. (vgl. ebd.: 289f)
Trotz umfassender Gegensätzlichkeiten sind sich Kant, Fichte, Schleiermacher, Humboldt und Hegel in der die Einzelwissenschaften verbindenden Funktion der Philosophie einig. In seinem Text über die Machtgrenzen des Staates bezieht Humboldt eine der großen Eckpositionen und steht damit der zweiten, der von Friedrich Hegel und dem Verhältnis von Individuum und Staat, diametral gegenüber. (vgl. Humboldt 1962: 13ff; Berglar 1985: 11) Humboldt, „der «Juniorpartner» der deutschen Klassik, die man eine Pyramide über dem Dreiecks-Grundriß Goethe-Schiller-Humboldt nennen könnte [...] (Berglar 1985: 42)" folgte bei der Errichtung der Berliner Universität weitestgehend Schleiermacher. Fichtes Plan blieb hingegen fast vollständig ungenutzt. (vgl. Müller 1990: 302)

„Die Gegensätze zwischen Fichtes „Deduziertem Plan" und Schleiermachers „Gele-
gentlichen Gedanken" [...] treten schon in der Herleitung ihrer Universitätsmodelle
hervor. Fichte „deduziert" seine Kunstschule des wissenschaftlichen Verstandesge-
brauchs" zwar als historischen Prozeß, doch stutzt die transzendentale Vernunft –
paragraphisch wie ein Gesetzeskodex geordnet – die widersprüchlichen Realverhält-
nisse (bis ins Alltagsleben hinein) allzu glatt zurecht. Schleiermacher zeichnet –
Romantisches und Liberales eigentümlich verschmelzend – nur behutsam die Kon-
turen des organisch Gewachsenen nach, geht eher von den bestehenden Formen und
Institutionen aus, sondiert sie, um ihre Besonderheit frei als Selbstzweck entfalten
und die Widersprüchlichkeit als Movens der Entwicklung in ihrer Ganzheit wieder
herstellen zu können. Scheinbar konservativ, weil ihm das individuell Gewachsene
wertvoller als ein allgemeines Vernunftgesetz ist, findet er den dialektischen Punkt,
wo vordergründig Überlebtes, punktuell modifiziert, erneut lebendig wird." (ebd.:
302f)

Die Verschiedenartigkeit der philosophisch-kulturellen Wurzeln der Bildungs-
theorien von Fichte auf der einen sowie Schleiermacher und Humboldt auf der
anderen Seite liegt dabei allerdings vor allem in der Gewichtung des Maßes an
Bändigung und Freiheit des Subjekts. Fichte säkularisiert den Gedanken der
menschlichen Erbsünde, während Schleiermachers und Humboldts Bildungsbegriffe in neuhumanistischer Tradition von der selbstständigen Befreiung des
Individuums durch Bildung ausgehen. Ego und Alter, Ich und Umwelt, Subjekt
und Objekt werden in der Einheit des Subjektes zusammengeführt. (vgl. Müller
1990: 304)
    Humboldts Bildungsbegriff gleicht dem von Fichte, der Freiheit zwar nicht
als Zweck, jedoch als Mittel beschreibt, während Humboldt den Zweck indivi-
dual-sittlich definiert indem er sagt, der Mensch solle frei sein um ganz er selbst
zu werden. (vgl. Berglar 1985: 56)

„Stimmten Fichte, Schleiermacher und Humboldt in der Ablehnung sowohl der tra-
dierten scholastischen Universität als auch der spätaufklärerischen Konzepte ihrer
Auflösung in bourgeois-etatistische Fachschulen überein, so trafen hier zwei gegensätzliche, wenn auch gleichermaßen bürgerlich-emanzipatorische Konzeptionen auf-
einander: grob gesehen entwickelte Fichte ein kleinbürgerlich-demokratisches, aber
antiliberales Modell einer egalisierenden „Erziehungsanstalt", während Schleiermacher und Humboldt in ihren liberalen, neuhumanistischen Programmen, Wissenschaft – frei von fremden Zwecken – als Bildung zur Individualität verstanden."
(Müller 1990: 302)

Mit seinem an den an den antiken Griechen orientiertem, idealistisch überhöhtem
Bildungsbegriff gleicht Humboldt allerdings weniger Fichte und Schleiermacher,
sondern vor allem August Wilhelm Schlegel. (vgl. Berglar 1985: 47) Seine „[...]

Polemik gegen die Aufblähung des Staatsapparates und gegen den Dirigismus der Bürokratie [...] (ebd.: 57)" scheinen im Hinblick auf seine dirigierende Art der Amtsführung im Bereich des Bildungswesens 1809/10 jedoch eher Koketterie als ernste Kritik zu sein. (vgl. ebd.: 79f)
Nach der im ausgehenden 18. und beginnenden 19. Jahrhundert entstehenden Debatte um den Begriff der Bildung, liegt diese Auseinandersetzung freilich nicht brach. Aus Gründen des Bezugs zum empirischen Teil dieser Arbeit werden folgend circa 100 Jahre Theoriegeschichte übersprungen.

2.2 Bildung und Erziehung nach Auschwitz

Bildung und Erziehung nach dem Nationalsozialismus und seinem immanenten Fortdauern muss in Deutschland Erinnerung und tatsächliche Aufarbeitung der faschistischen Vergangenheit bedeuten. Aufarbeitung darf dabei unter keinen Umständen als Schlussstrich-Ziehen verstanden werden. Die vermeintliche Vergangenheit ist nach den Analysen der klassischen kritischen Theoretiker noch höchst lebendig.

> „Der Nationalsozialismus lebt nach, und bis heute wissen wir nicht, ob bloß als Gespenst dessen, was so monströs war, daß es am eigenen Tode noch nicht starb, oder ob es gar nicht erst zum Tode kam; ob die Bereitschaft zum Unsäglichen fortwest in den Menschen wie in den Verhältnissen, die sie umklammern." (Adorno 1982: 10)

Es geht hierbei weniger um die Bedrohung von außerhalb eines demokratischen Bewusstseins, ausgehend etwa von neonazistischen Organisationen, denn vielmehr um eine Bedrohung von innen. Das potentiell faschistische Individuum steht im Zentrum der Analyse, da es durch seine Charakterstruktur sich als besonders empfänglich für antidemokratische Propaganda erweist. (vgl. Adorno 1989: 1) Die Ideologie des Nationalsozialismus sei zwar weitgehend passé, doch die Formalstruktur des Denkens und damit verbunden ein zwanghafter Konventionalismus und ein reaktionäres Festhalten an bestehenden Verhältnissen inhaltlich apolitisch, jedoch real hochpolitisch einzuschätzen. (vgl. Adorno 1982: 39)
Adorno konstatiert zwar, dass gegenwärtig von einer größeren Ergriffenheit des Individuums von der Demokratie auszugehen sei als noch in Zeiten der Weimarer Republik, doch könne ein *politisch-demokratisches Bewusstsein* den Menschen längst nicht attestiert werden. (vgl. ebd.: 23) Die Forderung nach Mündigkeit als Fähigkeit zur Willensbildung und Voraussetzung für die institutionalisierte repräsentative Wahl scheint in der Demokratie zwar evident, wird im mehrgliedrigen Schulsystem, welches die Unmündigkeit großer Gruppen

bereits vorbildet, jedoch konterkariert.[35] (vgl. Adorno/Becker zit. n. Adorno 1982: 133)

Wenn der *Erinnerung* gesellschaftlich nicht eine fundamental wichtige Bedeutung beigemessen wird, so macht sich ein geschwächtes, im Verschwinden begriffenes Gedächtnis breit, das anfällig für verzerrte Erinnerung an Vergangenes ist. Ein solches Gedächtnis produziert Zerrbilder und historische Unwahrheiten, indem es sich beispielsweise dagegen sträubt, die Argumentation, die wirtschaftliche Prosperität im nationalsozialistischen und postnazistischen Deutschland als Resultat von Krieg und Rüstungswahn begründet, anzuerkennen. (vgl. Adorno 1982: 18)

Die historische Entwicklung ist nach Adorno eine Entwicklung hin zu Geschichtsfremdheit und fehlender Erinnerung, die mit dem Ende der faschistischen Herrschaft und der beginnenden Massenkultur einhergeht.

„Die bürgerliche Gesellschaft steht universal unter dem Gesetz des Tauschs, des »Gleich um Gleich« von Rechnungen, die aufgehen, und bei denen eigentlich nichts zurückbleibt. Tausch ist dem eigenen Wesen nach etwas Zeitloses, so wie ratio selber, wie die Operationen der Mathematik ihrer reinen Form nach das Moment von Zeit aus sich ausscheiden. So verschwindet denn auch die konkrete Zeit aus der industriellen Produktion. Diese verläuft immer mehr nach identischen und stoßweisen, potentiell gleichzeitigen Zyklen und bedarf kaum mehr der aufgespeicherten Erfahrung. [...] Erinnerung, Zeit, Gedächtnis [werden] von der fortschreitenden bürgerlichen Gesellschaft selber als eine Art irrationaler Rest liquidiert [...]. Wenn die Menschheit der Erinnerung sich entäußert und sich kurzatmig erschöpft in der Anpassung ans je Gegenwärtige, so spiegelt sich darin ein objektives Entwicklungsgesetz [...]." (ebd.: 13)

Die Menschen akzeptieren die Demokratie als Staats- und Gesellschaftsform nur deshalb, weil sie sich bisher als ein Prosperität förderndes Modell erwiesen hat, das ebenso gut kommunistischer, monarchischer oder faschistischer Natur sein könne und auf dieselbe Akzeptanz stoßen würde, da die Menschen sich nicht als politische Subjekte wahrnähmen. (vgl. ebd.: 15)

---

[35] „Es ist wirklich ein interessantes Phänomen, wie die Erziehung zur Unmündigkeit die Welt nach wie vor beherrscht, obwohl die Zeit der Aufklärung ja seit einiger Zeit im Gange ist, und obwohl sicher nicht nur bei Kant, sondern auch bei Karl Marx sich einiges gegen diese Erziehung zur Unmündigkeit finden ließe." (Becker zit. n. Adorno 1982: 138) In der deutschen Literatur der Pädagogik nimmt die Forderung nach einer Erziehung zur Mündigkeit außerhalb von sozialwissenschaftlich-fachdidaktischen Auseinandersetzungen jedoch nur eine marginale Position ein.

2.2.1 Theodor W. Adorno über Bildung

In seinen Texten und Gesprächen, die in dem Sammelband „Erziehung zur Mündigkeit" enthalten sind, verwendet Adorno die Begriffe Bildung und Erziehung nahezu synonym, wenngleich er häufiger von Erziehung spricht. (vgl. Adorno 1982: 105) Mir erscheint der Begriff der Erziehung dabei vor allem der sehr viel ehrlichere Begriff zu sein. Doch muss klar sein, „[...] dass Erziehung heute nicht mehr Erziehung auf fixierte Leitbilder hin sein kann. [...] Die Erziehung [hat] heute vielmehr zum Verhalten in der Welt auszustatten [...]. Denn schon der immer schneller werdende Wechsel der gesellschaftlichen Verhältnisse erfordert von Individuen Eigenschaften, die sich als Befähigung zur Flexibilität, zum mündigen und kritischen Verhalten, bezeichnen lassen [...] (Adorno 1982:: 106)".

Unter Erziehung versteht Adorno jedoch nicht die Formung des Menschen, da kein Mensch zu Formung des anderen das Recht habe, auch nicht die bloße Vermittlung toten Wissens, sondern die Herstellung eines richtigen Bewusstseins. Dieses sei für die Funktionalität der Demokratie notwendig, da diese mündige Menschen benötige. Die Erziehung zum richtigen, die Barbarei berücksichtigendes, Bewusstsein ist eine Bildung zur Mündigkeit. (vgl. ebd.: 107, 122f) Das primäre Ziel der Erziehung sei es, dafür zu sorgen, dass solch eine Katastrophe wie Auschwitz niemals wieder möglich werde. (vgl. ebd.: 88ff) Die Mittel und Wege zu diesem Ziel, das alle anderen möglichen Erziehungsziele qualitativ in sich aufhebt, benennt Adorno so präzise, wie es aus einer allgemeinen theoretischen Perspektive auf soziologische, politische, psychologische und pädagogische Praxis nur möglich ist.

Das Ziel der *Entbarbarisierung* der Menschen bleibt trotz Adornos negativ geschichtsphilosophischen Bemerkungen evident. Er konstatiert: „Die fast unlösbare Aufgabe besteht darin, weder von der Macht der anderen, noch von der eigenen Ohnmacht sich dumm machen zu lassen." (Adorno 1969: 67) So bestehe die Doppelschlächtigkeit bereits im Begriff der Erziehung zu Bewusstsein und Rationalität, da es nicht um »well adjusted people« und ein pädagogisches Leitbild gehe. (vgl. Adorno 1982: 109) Die besondere Herausforderung an die Lehrer ist in diesem Zusammenhang die von Schelsky beschriebene Erziehung zu Anpassung und Widerstand. (vgl. Schelsky 1961: 186f)[36]

---

[36] „[J]ener Anpassungsprozess [wird] heute eher automatisch besorgt. Erziehung durchs Elternhaus, soweit sie bewußt ist, durch die Schule, durch die Universität hätte in diesem Augenblick des allgegenwärtigen Konformismus vorweg eher die Aufgabe, Widerstand zu kräftigen, als Anpassung zu verstärken." (Adorno 1982: 110) Die Eltern seien als Produkte der kapitalistisch-verdinglichten Massenkultur ebenso barbarisch wie jene Kultur. (vgl. Adorno 1982: 131)

Adorno überführt mit einigen trefflichen Beispielen die polymorphen Ausreden der Deutschen, die fadenscheinig formuliert in diametral destruktivem Widerspruch zu ihrem tatsächlichen Bewusstsein stünden. (vgl. Adorno 1982:15) Die Ablehnung und Verdrängung gegenüber der Erinnerung werde in den Abmilderungen des Faschismus seitens der Eltern bei Nachfragen der Kinder deutlich (vgl. ebd.: 24) oder mit dem Schaden begründet, den Deutschland im Ansehen des Auslands nähme (vgl. ebd.: 14) und „(o)ftmals wird man in Deutschland, unter Deutschen, der sonderbaren Äußerung begegnen, die Deutschen seien noch nicht reif für die Demokratie. Man macht aus der eigenen Unreife eine Ideologie, nicht unähnlich den Halbwüchsigen, die, wenn sie bei irgendwelchen Gewalttätigkeiten ertappt werden, sich auf ihre Zugehörigkeit zur Gruppe der Teenager herausreden [...] (ebd.: 15)“.

Solcherlei Charaktere werden von Adorno unter der Kategorie des *potentiell faschistischen Individuums* gehandelt, da er einen aus bestimmten Persönlichkeitsdispositionen zusammengesetzten, mit entsprechender Summationsdiagnose ermittelbaren, autoritären Sozialcharakter in seinen „Studien zum autoritären Charakter“[37] herauskristallisiert hat. Es handelt sich hierbei um Menschen, „[...] deren Anschauungen verr[a]ten, daß sie den Faschismus bereitwillig akzeptieren würden, falls er sich zu einer starken und respektablen Bewegung entwickeln sollte [...] (Adorno 1989: 1)“. Mit der Diagnose des autoritären Sozialcharakters sind auch „[...] die wohlbekannten Schwankungen der Millionen von Wählern vor 1933 zwischen der nationalsozialistischen und kommunistischen Partei [...] sozialpsychologisch kein Zufall [mehr] [...] (ebd.)“. Unter Berücksichtigung der Marxschen Annahme der Entwicklung der Arbeiterklasse an sich zu einer Klasse für sich und der Arbeiterbewegungen im 19. und 20. Jahrhundert bedarf die Geschichte des 20. Jahrhunderts und das Überleben des Kapitalismus im Gegensatz zur Massendemokratie der wissenschaftlichen Erklärung. (vgl. Dubiel 2001: 40)

> „Amerikanische Untersuchungen haben dargetan, dass jene Charakterstruktur gar nicht so sehr mit politisch-ökonomischen Kriterien zusammengeht. Vielmehr definieren sie Züge wie ein Denken nach den Dimensionen Macht – Ohnmacht, Starrheit und Reaktionsfähigkeit, Konventionalismus, mangelnde Selbstbesinnung, schließlich überhaupt mangelnde Fähigkeit zur Erfahrung.“ (Adorno 1982: 17)

---

[37] „Zunächst ist Autorität selber ein wesentlich sozialpsychologischer Begriff, der nicht ohne weiteres die soziale Wirklichkeit selber bedeutet. Dann gibt es etwas wie Sachautorität – also die Tatsache, dass ein Mensch von einer Sache mehr versteht als ein anderer –, die man nicht einfach vom Tisch fegen darf. Sondern der Begriff der Autorität erhält seinen Stellenwert innerhalb des sozialen Kontextes, in dem er aufkommt.“ (Adorno 1982: 139) Die Sachautorität tritt bei Lehrkräften nebst pädagogischer, psychologischer, soziologischer und politologischer Kompetenzen idealiter zur bloßen Amtsautorität hinzu.

Die Forschungsfrage nach dem potentiell faschistischen Individuum in Adornos „Studien zum autoritären Charakter" als sein Beitrag zu den „Studies in Prejudice" hat ihren Anfangspunkt bei den Reflexionen über das Phänomen des Antisemitismus. Eine zentrale Frage ist die nach den Bedingungen für die Akzeptanz solcher Ideen. Die *Forschungshypothesen* in diesem Zusammenhang sind einerseits die Annahme, „[...] daß der Antisemitismus wahrscheinlich keine spezifische oder isolierte Erscheinung ist, sondern Teil eines breiten ideologischen Systems, und [...] [andererseits], daß die Empfänglichkeit des Individuums für solche Ideologien in erster Linie von psychologischen Bedürfnissen abhängt [...] (Adorno 1989: 3)". Es ist für die Forschergruppe zunächst von besonderem Interesse, ob es ein potentiell faschistisches Individuums gibt, wie es aussieht, wie antidemokratisches Denken entsteht, welche Kräfte im Individuum solches Denken strukturieren, wie verbreitet solche Individuen sind, welche Determinanten sie kennzeichnen und wie ihre Entwicklung sich gestalten kann.[38] (vgl. ebd.: 2) Der Grund für diese Art der Vorurteilsforschung liegt in der Hoffnung, dass die psychologischen Bestimmungen der Ideologie, ihre Sichtbarmachung und die Aufklärung darüber, eine zunehmende Vernunft der Menschen bewirken könne.[39] (vgl. ebd.: 15) Dabei interessiert der *Sozialcharakter* statt der individuellen Persönlichkeitsstruktur, da der erfolgreiche Faschismus eine Machtbasis benötigt, die weniger durch Akzeptanz denn vielmehr durch aktive Bereitschaft zum Mitmachen gekennzeichnet ist. Da der Faschismus seiner Natur nach nicht allen Unterstützern privilegierte Positionen zuweisen kann, so müsse er nicht an das Selbstinteresse der Menschen appellieren, sondern diese bei ihren primitivsten Wünschen und irrationalen Ängsten packen. (ebd.: 13)

---

[38] Die ausgewählten Merkmale des autoritären Charakters, die theoretisch deduziert sowie empirisch bewährt, der halbstandardisierten Studie zugrunde gelegt sind, lauten: Konventionalismus, Autoritäre Unterwürfigkeit, Autoritäre Aggression, Anti-Intrazeption, Aberglauben und Stereotypie, Machtdenken und Kraftmeierei, Destruktivität und Zynismus, Projektivität und Sexualität. Die Auswertung erfolgt dabei mit Hilfe von vier Skalen: A- (Antisemitismus-)Skala, E- (Ethnozentrismus-)Skala, PEC- (politisch-ökonomische Konservatismus-)Skala und F- (Faschismus-)Skala. Es wird dabei methodisch nicht mit direkten Fragen, sondern mit einer Reihe von Aussagen gearbeitet, auf die mit der Angabe eines Zustimmungs- oder Ablehnungsgrades von +3 bis -3 reagiert werden kann. Jedes Item zielt dabei auf eine relativ spezifische Meinung, Attitüde oder Wertvorstellung. Die Forschungsgruppe interessiert sich besonders für Extremwerte, die so genannten high- oder low-scorces. Diese werden in einem weiteren Analyseschritt, einem erneuten Testverfahren unterzogen. Gegenstand des Forschungsprozesses ist nicht die Realverteilung von autoritären Einstellungen, sondern die Konsistenz ihrer inneren Struktur. Das Konsistenzmaß sind die genannten Skalen. Die für die gegenwärtige Forschung bedeutsamste Leistung der Studie liegt in der F-Skala. (vgl. Dubiel 2001: 56ff)

[39] Die „Studies of the authoritarian personality" wurden vom American Jewish Committee in den USA in Auftrag gegeben und finanziert. Da in den 1930er und 40er Jahren sich offener Antisemitismus auch in Amerika beobachten ließ, wollte man wissen, ob sich die deutsche Katastrophe in den USA wiederholen könnte und ob es Präventionsmöglichkeiten gibt, dieser wahnhaft-menschenfeindlichen Entwicklung vorzubeugen. (vgl. Dubiel 2001: 55)

Die Sehnsucht der unmündigen Menschen nach einem Kollektiv, dem man sich anschließen und unter dem das eigene Bewusstsein ausgeschaltet und eine *kollektive Identität* entwickelt werden kann, begründet Adorno ebenfalls psychoanalytisch mit der Ersatzbefriedigung, die er in der Identifikation mit dem Kollektiv sieht. (vgl. Adorno 1982: 19) Der Wunsch nach einer solch pathologischen Identifikation resultiere dabei aus den Anstrengungen, die ein Leben in der verwalteten Welt mit sich brächte und dem entgegenzuhalten nur die mündigen Menschen vermögen. (vgl. Adorno 1982: 19) Der Anpassungsdruck, der bei dieser Art der Identifikation wirksam wird, erzeugt auf der gesellschaftlichen Seite Totalität und auf der individuellen Seite Unzufriedenheit und Wut, da das Versprechen der Demokratie unter denn Umständen der kapitalistisch verwalteten Welt der Kulturindustrie nicht eingelöst wird und die Menschen sich um ein Anrecht betrogen fühlen. (ebd.: 22f) Die Einordnung der Menschen in Kollektive sei ein Effekt der unbewältigten Angst. „Menschen, die blind in Kollektive sich einordnen, machen sich selber schon zu etwas wie Material, löschen sich als selbstbestimmte Wesen aus. Dazu paßt die Bereitschaft, andere als amorphe Masse zu behandeln." (ebd.: 97) So sei die antisemitische Paranoia eines Menschen erklärbar, die dem Verfolgungswahn verfallen „[...] der die anderen verfolgt, auf die er projiziert, was er selber möchte [...]. Von kollektiven Wahnvorstellungen wie dem Antisemitismus wird die Pathologie des Einzelnen, der psychisch der Welt nicht mehr gewachsen sich zeigt und auf ein scheinhaftes inneres Königreich zurückgeworfen ist, bestätigt [...]" (ebd.: 22)". Es gilt in jedem Fall die These, „[...] daß insgeheim, unbewußt schwelend und darum besonders mächtig, jene Identifikationen und der kollektive Narzissmus gar nicht zerstört wurden, sondern [in fratzenhaften Zügen] fortbestehen [...] (ebd.: 19ff)". Es besteht also die Möglichkeit, dass die in der Masse geschwundene bewusste Persönlichkeit, den Platz, den die unbewusste Persönlichkeit ihr genommen hat, nicht wieder zurückerlangen konnte, wenngleich das Individuum trotzdem keinen willenlosen Automat darstellt (vgl. Freud 1973: 15).

„Das Moment der Autorität ist [...] als ein genetisches Moment von dem Prozeß der Mündigkeit vorausgesetzt." (Adorno 1982: 140) So funktioniert der so genannte Ödipus-Komplex damit als Baustein einer Erziehung zur Verinnerlichung von Normen und Werten über einen Moment von Autorität. [40] (vgl. ebd.: 81f)

---

[40] Nach Sigmund Freud (1856-1939) verläuft die Entwicklung der Sexualfunktion in fünf Phasen. In der so genannten ödipalen Phase findet im Alter von circa vier bis fünf Jahren der so genannte Ödipuskomplex statt, bei dem die dyadische Beziehung des männlichen Kindes zur Mutter durch die Identifikation des Kindes mit dem Vater und der Übernahme der Vaterrolle reduziert wird. In dieser ödipalen Krise übernimmt das Kind durch die Angst vor der Autorität des Vaters das erste Mal gesellschaftliche Normen. Es findet somit nach Freud in dieser Entwicklungsphase eine Verschränkung von Individualisierung und Vergesellschaftung statt. (vgl. Freud 1972: 14ff)

Becker konstatiert, dass zwar die Begegnung mit Autorität eine Grundlage für die Entwicklung von Identität sei, allerdings der Ablösungsprozess von der Autorität schließlich dafür notwendig ist. Der Lehrer müsse sich ergo überflüssig machen. (vgl. Becker zit. n. Adorno 1982: 140) Der Entbarbarisierung stehe nach Adorno „[...] die zur Totalität aufgeblähte Kulturindustrie [...] (Adorno 1982: 22)" im Wege, welche die Erkenntnis der unmenschlichen Zustände verhindere und „[...] den Mut sich seines eigenen Verstandes zu bedienen um sich aus der selbstverschuldeten Unmündigkeit zu befreien [...] (Kant in Vorländer 2004: 327)" unterdrücke. (vgl. Adorno 1982: 22) Doch umso mehr habe Bildung und Erziehung wenigstens die Kräftigung von Gegeninstanzen im Vorbewusstsein zu erreichen, damit ein antinationalistisches Klima geschaffen werde, welches für das Äußerste ungünstig sei. (ebd.:103) Dabei sei vor allem die politische und soziologische Bildung gefragt, die an Schulen und Hochschulen eine zentrale Position einnehmen muss.

Aus „[...] der Bildungssoziologie liegen [...] Daten vor, die darauf hinweisen, daß der politische Unterricht, wo er überhaupt mit Ernst und nicht als lästige Pflicht betrieben wird, mehr Gutes stiftet, als man ihm gemeinhin zutraut [...] (ebd.: 24)". Ziel einer aufklärenden Pädagogik soziologischer, politischer oder psychologischer Art, müsse das für Faschismus unanfällige Individuum sein. Adorno präferiert zur Erreichung dieses Ziels, die Bildung eines Kaders von Verantwortlichen – beispielsweise Lehrern –, der im Sinne einer antifaschistischen Feuerwehr flächendeckend tätig werden könnte. (vgl. ebd.: 24, 94) Voraussetzung für eine solche Erziehung und Bildung zum *Antifaschismus* ist notwendigerweise eine „Erziehung der Erzieher" (ebd.: 25). So beschreibt Adorno dezidiert die Anforderungen an die Lehrerpersönlichkeit.[41] Es geht ihm dabei

---

[41] An der Johann Wolfgang Goethe-Universität in Frankfurt am Main ist Theodor W. Adorno als Professor für Philosophie viele Jahre in der grundwissenschaftlichen Lehrerausbildung tätig. Den Ausführungen in seinem Text „Philosophie und Lehrer" nach zu urteilen, bemüht er sich in dieser Rolle konsequent um die praktische Umsetzung seiner theoretischen Forderungen an die Lehrerbildung. Dabei betont er vielfach die Bedeutung des § 19 der Frankfurter Lehramtsprüfungsordnung in den 1960er Jahren, welcher die Erfassung von Bildungssinn und Bildungskräften der Fachgebiete durch die Bewerber sowie deren Fähigkeit, selbige aus philosophischer, pädagogischer und politischer Sicht zu betrachten und zu verstehen, fordert. Mit der Überprüfung dieser Fähigkeiten will Adorno ermitteln, ob es sich bei den Lehramtsanwärtern um Intellektuelle oder bloße Fachmenschen handelt. (vgl. Adorno 1982: 29 ff) Gleichzeitig jedoch entwirft Adorno ein finsteres Bild gegenwärtiger Lehrerbildung, indem er die sprachlichen Mängel der Examenskandidaten betont, welche, wenn man den Vorgaben der Prüfungsordnung in § 9 folgen würde – nämlich den Studierenden bei fehlenden sprachlichen Kenntnissen und Fähigkeiten tatsächlich kein Examen zu bestätigen – dazu führen würden, dass man nicht annähernd den Bedarf an Lehrern decken könnte. (vgl. Adorno 1982: 40f) Außerdem sei die grundwissenschaftliche Lehre der Philosophie offensichtlich selten von dem Erfolg gekrönt, die Studierenden zu Reflexion und Intellektualität zu befördern, sondern vielmehr Spiegelbild einer misslungenen Bildung. (ebd.: 45)

weniger um unangemessene Strenge gegenüber den Lehramtsprüflingen an der
Universität als vielmehr um eine Verantwortung gegenüber den Schülern, „[...]
denen vom ungeformten und ungebildeten Geist größere Unbill droht als irgend-
einem von unseren geistigen Ansprüchen [...] (Adorno 1982: 30)".

Die Lehrkraft müsse nach ihrem Studium ein intellektuelle Person sein, die
nicht im autoritären, verdinglichenden Bewusstsein borniert auswendig lernend,
sondern im Widerstand selbstständig denkend, ihre Arbeit zum gesellschaftlichen Ganzen in eine sinnvolle Beziehung setzen kann. (vgl. ebd.: 32) Die zentrale Voraussetzung für dieses Bildungsziel ist dabei die Fähigkeit, Erfahrungen zu
machen. Studierende, welche mit dem Glauben und der Einstellung die Universität und einzelne Lehrveranstaltungen besuchen, es könne ihnen nichts mehr bei-
gebracht werden, da sie bereits alles wüssten und die demzufolge nicht oder bloß
unreflektiert auswendig lernen, die erfahren keineswegs das, was „[...] als
Zweck der höheren Schulen »echte Geistesbildung« heißt [...] (ebd.: 37)".

Das Studium soll bei den angehenden Lehrern eine intrinsische Motivation
zur Auseinandersetzung mit der Sache befördern und nicht am oberflächlichen
Glauben an Fremd- und Prestigewörtern, die sich als Ausdruck eines Jargons der
Eigentlichkeit[42] offenbaren, stehenbleiben. (vgl. ebd.: 37f)

> „Drückt ein Kandidat [hingegen] seinen Widerwillen gegen den Anspruch, er solle
> ein Intellektueller sein, dadurch aus, daß er während des ganzen Examens ostentativ
> stöhnt, so ist das jawohl eher eine Sache der Erziehung als des Geistes selbst, ob-
> wohl beides mehr miteinander zu tun hat, als einem solchen Kandidaten beikommen
> mag." (ebd.:37)

Es darf im Studium nicht das Ziel des praktischen Vorankommens Priorität ge-
nießen, da eine solche Haltung Abwehrmechanismen gegen die tatsächliche
Bildung in Gang setze und gegen die notwendige Bewegung des Geistes sich
richte, der jeder sich verpflichtet sehen müsse, der einen Beruf des Geistes ge-
wählt habe. (vgl. ebd.: 48) Die angehenden Lehrer sollen während ihres Studiums eine Idee von Freiheit entwickeln, die ein Bewusstsein vom Bruch zwischen
ihrer Existenz und dem anstrebendem Beruf offenbart. Es soll den Studierenden
spätestens im Examen „[...] ein Licht aufgeh[en] in dem, was sie selbst tun,
anstatt daß sie darin begriffslos befangen bleiben [...] (ebd.: 44)".[43]

---

[42] „Der Hinterwäldler [sic!] jüngsten Stils läßt von keiner Hinterwelt sich irritieren, zufrieden mit der
Vorderwelt, der er abkauft, was sie ihm mit Worten und stumm aufschwatzt. Positivismus wird zur
Ideologie, indem er erst die objektive Kategorie des Wesens ausschaltet und dann folgerecht, das
Interesse am Wesentlichen." (Adorno 2003: 172)
[43] Adorno beobachtet während seiner Tätigkeit in der universitären Lehrerbildung, dass die begabtes-
ten Lehramtsstudierenden einen ausgeprägten Widerwillen gegenüber dem Lehrerberuf und den
damit verbundenen Reglements entwickeln und sich mit dem Fortschreiten des Studiums selbst

Für die *Nachwuchskrise im Lehrerberuf*, die auch gegenwärtig wieder aktuell ist, macht Adorno gewisse Tabus über den Lehrerberuf in seinem gleichnamigen Text verantwortlich. Mit Tabus sind Vorstellungen bewusster oder unbewusster Art über Lehrer oder der für diesen Beruf sich Vorbereitenden sowie die Schüler gemeint, die ein psychisches Verbot heraufbeschwören, das Erschwernisse mit sich bringt, die den Kandidaten selten deutlich werden.

Die Abneigung gegen diesen Beruf ist vor allem gesellschaftlich bedingt, da die Bevölkerung die prestigeträchtigen Fakultäten und damit verbundenen Studiengänge festschreibt. Dabei handelt es sich vor allem um Medizin und Rechtswissenschaft. In den geisteswissenschaftlichen Fächern kann einzig die Kunstgeschichte als Ausnahme angesehen werden. Streng genommen wird der Lehrer zwar sogar mit einem Quasi-Studium generale zum Akademiker gebildet, bleibt aufgrund zahlreicher Ressentiments dennoch gesellschaftsunfähig. (vgl. Adorno 1982: 71f)[44] Der Geringschätzung des Lehrerberufs schreibt Adorno feudale Wurzeln zu, da der Lehrer ein Nachkomme des Schreibers sei, welcher in der Feudalgesellschaft die Position des Bediensteten einnimmt und zwar materiell abgesichert sowie konkurrenzlos, jedoch unfrei und ohne Macht seinen Beruf ausübt. Ärzte und Juristen sehen sich zwar in der Wettbewerbssituation auf dem Markt und ohne Absicherung in Form des Beamtenstatus, doch arbeiten sie dafür in Freiheit und trotz fehlender Garantie für Einkommen an sich, so doch in der Regel mit größeren materiellen Verdienstmöglichkeiten. Sie erfreuen sich der Aura von Aventüre, während sie gleichzeitig auf Beamte mit festem Einkommen, Arbeitszeiten und Pensionsansprüchen herabblicken. (ebd.: 73)

Das öffentliche Bewusstsein nehme Lehrer schließlich auch deshalb nicht ernst, da die Macht des Lehrers nur die wirkliche Macht parodiere. Die Kinder und Jugendlichen, die der Macht des Lehrers gegenüberstehen sind letztlich keine gleichberechtigten Rechtssubjekte. (vgl. Adorno 1982: 74f) In der Wissenszirkulation nehmen die Lehrer außerdem nur einer Mittlerfunktion ein, die keine Arbeit an der Sache um der Sache willen integriert. Dabei ist der Lehrer den Schülern jederzeit in Jahren und Wissen überlegen, was seine Amtsautorität noch bestärkt und den Verdacht der Unfairness auf ihn lenkt.[45] (ebd.: 76f) „Im

immer weniger vorstellen können, in diesem Bereich tätig zu werden. „Sie empfinden es als eine Art Zwang, Lehrer zu werden, dem sie sich nur als einer ultima ratio fügen." (Adorno 1982: 70)
[44] „Merkwürdig komplementär dazu scheint das bis letzthin ungeminderte, auch statistisch bestätigte Prestige des Universitätsprofessors." (Adorno 1982: 72) Wenngleich auch der Professor ein wenig bemitleidet werde, da der Geist zweckrational auf seinen Tauschwert reduziert werde, indem der Professor aus materiellen Gründen zu einem Verkäufer seiner Kenntnisse mutiere. Die hohe Bildung des Geistes wird somit zu bloßem austauschbarem Wissen in Warenform degradiert. (vgl. ebd.: 76)
[45] „Wer zur Selbstbesinnung fähig ist, stößt darauf, sobald er sich überlegt, daß er als Lehrer, etwa als akademischer, auf dem Katheder die Möglichkeit hat, das Wort zu längeren Ausführungen zu ergreifen, ohne daß ihm einer widerspricht." (Adorno 1982: 77) In der universitären Lehre halte ich eine

Bilde des Lehrers wiederholt sich, sei's noch so abgeschwächt, etwas vom affek-
tiv höchst besetzten Bild des Henkers." (Adorno 1982: 78) Dem entspricht die
faktische Macht über schulischen und damit verbundenem gesellschaftlichen
Erfolg, der von dem Lehrer im mehrgliedrigen Schulsystem in Form von Selektion nach Kriterien der Leistung, welche in unleugbarem Zusammenhang mit
sozialer Herkunft und damit verbundenem kulturellen, ökonomischen und sozialem Kapital, stehen. (vgl. Bourdieu 2001: 112ff)[46] Durch seine Zugehörigkeit zur
Kinderwelt wird dem Lehrer schließlich außerdem sein Erwachsensein abge-
sprochen, die Infantilität resultiert aus der relativen Abgeschlossenheit der Organisation Schule von dem Rest der Gesellschaft, womit dem Lehrer zudem eine
gewisse Weltfremdheit unterstellt wird. (vgl. Adorno 1982: 80) Die zivilisieren-
den und sozialisierenden Aufgaben des Lehrerberufs enthalten einen Archais-
mus, der „[...] nicht nur die Archaismen der Lehrersymbole [befördert], sondern
auch diese Archaismen im Verhalten der Lehrer selbst [erweckt], in Keifen,
Querulieren, Schelten und dergleichen; in Reaktionsweisen, die immer ebenso
nahe an der physischen Gewalt sind, wie sie etwas von Unsicherheit und Schwä-
che verraten [...] (ebd.: 83)". Mit einem solchen Verhalten überschreitet der
Lehrer die Grenze zwischen Zivilisation und Barbarei. (vgl. ebd.: 124) Notwendig für gelingende Bildungsprozesse der Schüler wären umfangreiche psycho-
analytische Kenntnisse der Lehrer, welche die Lehrkräfte zur Rationalisierung
und anschließenden Herauslassung von Affekten befähigt und Katastrophen als
Resultate von Unterdrückung vermeidet. (ebd.: 83) Die Tabus über den Lehrerberuf müssen bereits in der Ausbildung behandelt und mit Schülern und Eltern
besprochen werden. Die Schule dürfe sich schließlich gegen Kritik nicht abschließen, damit autoritären Lehr- und Verhaltensweisen nicht länger ein Bären-
dienst erwiesen werden kann.[47] Die nach dem Autoritätsprinzip erfolgende Er-

---

solche Seminarsituation gerdezu für ein Paradebeispiel der Festigung und Reproduktion von Macht.
Eine gute Lernumgebung ist hingegen gekennzeichnet von gleichem Recht aller Diskussionsteilneh-
mer und gleicher Pflicht der Begründung von Konklusionen und der Länge von Wortbeiträgen. In
leidenschaftlichen dialogischen Auseinandersetzungen kann der ein oder andere Redebeiträge sicher-
lich länger ausfallen als notwendig, doch sollte dies nicht mit der Statusgruppenzugehörigkeit der
Redenden zusammenhängen. Unreflektierten Wünschen der Studierenden und Schüler nach dogmati-
schen Lehrvorträgen im Sinne einer Vorlesung – ein didaktisches Lehrmittel, das aus dem Mittelalter
stammt, einer Zeit in der nur wenige Menschen die Kulturtechniken des Lesens und Schreibens
beherrschten und auch in Universitäten nur wenige Bücher zur Verfügung standen – sollte unter
keinen Umständen statt gegeben werden. Ich wüsste kein besseres Mittel, die Bildung des Geistes zu
verhindern.
[46] Adorno schätzt die Bedeutung von informeller Erziehung zwar höher als formelle Erziehung ein,
doch betont er ausdrücklich die Notwendigkeit von Einrichtungen der formellen Erziehung zur
Gewährleitung der Startgleichheit von drei- bis fünfjährigen Kindern. (vgl. Adorno 1982: 110)
[47] Auch im Sportunterricht sollte größerer Abstand von Konkurrenz- sowie Wettbewerbsdenken und -
handeln fördernden Mannschaftsspielen genommen werden. Auschwitz gilt als Mahnmal gegen die

ziehung erfüllt schließlich ihren Beitrag zur Perpetuierung der Barbarei. (vgl. Adorno 1982: 131)

Sofern Lehrer Interesse an wissenschaftlichem Arbeiten mitbringen oder entwickeln, sollte dies in jedem Fall von Schulverwaltung und -leitung gefördert werden.

> „Sicherlich ist, solange die Gesellschaft die Barbarei aus sich heraus erzeugt, zum Widerstand dagegen die Schule nur minimal fähig[,] [...] [i]st aber Barbarei, der furchtbare Schatten über unserer Existenz, doch eben der Gegensatz zur Bildung, so hängt Wesentliches auch davon ab, daß die einzelnen Menschen entbarbarisiert werden." (ebd.: 86)

Dazu müsse sich die Pädagogik „[...] anstatt mit Tiefsinn aus zweiter Hand übers Sein des Menschen zu schwafeln, eben der Aufgabe sich annehmen, deren unzulängliche Behandlung man der re-education so eifrig vorwirft [...] (ebd.: 25)".

Sowohl die allgemeine Bildung als auch die *Bildung der Lehrer* dürfe nicht der Psychoanalyse mangeln, da es notwendig sei, die psychologischen und gesellschaftlichen Mechanismen den Subjekten „[...] bewußt zu machen, die in ihnen selbst das Rassevorurteil verursachen [...] (ebd.: 27)". [48] Solcherlei Vorgehensweisen seien methodisch in begrenzter Anzahl der Durchführungsoptionen vorhanden und könnten von sachkundigen Personen in Form von Schutzimpfungen verwendet werden. Zur Gewährleitung dieser Präventionsmaßnahmen sei eine Zusammenarbeit von Pädagogen und Psychologen unabdingbar. (ebd.: 27) Außerdem vonnöten sind in diesem Zusammenhang last but not least eine hinreichende soziologische und politologische Kompetenz, die in Zusammenarbeit mit Psychologie und Pädagogik die zu vermittelnden Sachinhalte didaktisch-methodisch effektiv aufbereitet. [49] Indem Sozialisationsprozesse, unterstützt von Erziehung und Bildung, zu einer durch kritische Selbstreflexion gekennzeichne-

---

blinde Identifikation mit Kollektiven, welche durch den Sportunterricht befördert werden könne. Der Mannschaftssport habe zwar das Potential, durch fair play, Spielerethos und Rücksichtnahme, einen reflektierten Umgang der Spieler untereinander zu bewirken, doch sei der im öffentlichen Bewusstsein häufig vernachlässigte Einzelsport als Arbeit am eigenen Körper und Selbst mindestens ebenso förderwürdig. Die Förderung von Wettbewerb sei gleichzusetzen mit der Förderung der Barbarei. Der Gebrauch der Ellenbogen müsse den Menschen abgewöhnt werden. (vgl. Adorno 1982: 95, 125ff)

[48] Das Problem des Faschismus ist selbstverständlich ein gesellschaftliches, die Dispositionen des Einzelnen sind allerdings gesellschaftlicher sowie psychologischer Natur und bedingen die Zustimmung oder Ablehnung gegenüber solch triebhaften Versuchungen. (vgl. Adorno 1982: 92)

[49] Diesem Modell entspricht – strukturell gesehen – beispielsweise die Lehrer(aus)bildung im Land Hessen, welche durch ein grundwissenschaftliches Studium in den Disziplinen Soziologie, Politikwissenschaft, Psychologie und Erziehungswissenschaft gekennzeichnet ist.

ten Identität führen, kann den triebhaften Versuchungen der Menschen entge-
gengewirkt werden. (vgl. Adorno 1982: 90f)
Politischer Unterricht hat die Aufgabe, zu erreichen, dass Auschwitz sich nicht
wiederholt und kann dies durch Aufklärung über die willkürliche Auswahl potentieller Verfolgter, was einem Appell an das egoistische Interesse entspricht,
sowie der herzustellenden Transparenz der gesellschaftlichen und politischen
Kräfteverhältnisse, die das Grauen bereits in sich tragen, unwahrscheinlicher
machen. Die Menschen können nur durch Bildung sich dem falschen Bewusstsein und der Verschleierung der Wirklichkeit entziehen, indem sie in die Lage
versetzt werden, die affirmativ und somit euphematisiert positiv besetzten Begriffe zu reflektieren und ein eigenes Urteil nach selbstständigem Denken zu
entwickeln.[50] (ebd.: 55)

Damit ein möglichst großer Teil der Bevölkerung überhaupt nur die Gelegenheit der Bildung und Willensbildung bekommt, ist notwendigerweise ein
Abbau der Mehrgliedrigkeit des Schulwesens zu erreichen. Außerdem wird bereits vor dem Beginn von institutionalisierten Bildungsprozessen festgelegt, wer
eigentlich mehr oder weniger Möglichkeiten der Erfahrung hat. Anstatt klassen-
spezifischer Sperren – denen auch und gerade die Gesamtschule nichts nimmt –
muss ein vielfältiges Angebot von der Wiege bis in das hohe Alter garantiert
werden. (vgl. Becker zit. n. Adorno 1982: 119)

Der geometrische Ort der Bildung manifestiert sich nach Adorno in der
Sprache. (vgl. Adorno 1982: 43) Ein wichtiger Bestandteil von Bildung sei somit
die Fähigkeit der mündlichen und schriftlichen Artikulation. Zu unterscheiden
sei die Sprache als Kommunikationsmittel von der auf den Ausdruck der Sache
bezogenen Sprache. Menschen, deren Rede und/ oder schriftsprachliche Äußerungen durch Mängel gekennzeichnet sind, würden „[…] meinen, es genüge, daß
man sprechen kann, damit man schreiben könne, während freilich, wer nicht
schreiben kann, meist auch nicht zu sprechen vermag […] (Adorno 1982: 41)".

---

[50] Der Fähigkeit zur Entlarvung einer überwerteten Realität stehe jedoch die Bildungsfeindschaft
vieler unmündiger Menschen im Wege, die aus der Distanz zu Bildungsinhalten und -einrichtungen,
der Rancune vor dem Versagten und der damit verbundenen Angst vor Desorientierung resultiere. So
ist die Erziehung zur Mündigkeit vor allem eine Erziehung zu (Bildungs-)Erfahrungen. Diese Art der
Erziehung stehe allerdings in eklatantem Widerspruch zu den gegenwärtigen Möglichkeiten von
Individuation im kapitalistischen Arbeitsprozess, für den individuelle Eigenschaften eher hinderlich
und Ich-Schwäche tendentiell förderlich sind. Zudem bricht die Kultur mit der Teilung geistiger und
körperlicher Arbeit ihr Versprechen und teilt den Menschen selbst. (vgl. Adorno 1982: 116ff, 130)
„Die Situation ist paradox. Eine Erziehung ohne Individuum ist unterdrückend, repressiv. Wenn man
aber versucht, Individuen so heranzuziehen wie man Pflanzen züchtet, die man mit Wasser begießt,
dann hat das etwas Schimärisches und Ideologisches. [...] Das Individuum [...] überlebt heute nur als
Kraftzentrum des Widerstandes. [...] Erziehung [muss] auf diesen Bruch hinarbeiten und diesen
Bruch selber bewußt machen, anstatt ihn zuzuschmieren und irgendwelche Ganzheitsideale oder
ähnlichen Zinnober vertreten." (ebd.: 118f)

In diesem Kontext nimmt Adorno eine sehr privilegierte Position ein, indem er regionale Dialekte oder deren Überbleibsel in der akademisch geschulten Hochsprache mit Vulgarität, Rustikalität und Brutalität gleichsetzt und so implizit – obwohl er dezidiert die Absicht negiert – die Studierenden ob ihrer ländlichen Herkunft diskreditiert. (vgl. ebd.: 42f) Im Dialekt artikulierte Fachtermini bezeichnet er als „[...] herabgesunkenes Kulturgut der Oberschicht [...]" (ebd.: 43) und fehlende Emanzipation von der Provinz begründe die Exterritorialität von Bildung, denn zur Bildung gehöre schließlich Urbanität. (vgl. ebd.) Andererseits steht dieser in ihrer Rohheit geäußerten Begründung eine Argumentation bei, welche Mündigkeit dem Individuum nur zuschreibt, „[...] wenn es aus der Unmittelbarkeit von Verhältnissen sich löst, die keineswegs naturwüchsig sind, sondern bloß ein Rückstand überholter historischer Entwicklung, eines Toten, das nicht einmal von sich selbst weiß, daß es tot ist [...] (ebd.)".

Es ist in jedem Fall wichtig, dass Menschen frei genug von manipulierenden Ängsten und Kollektiven sind, damit sie *Erfahrungen* machen können und durch diese Erfahrungsfähigkeit sich unterscheiden von psychotischen und schizoiden Persönlichkeiten. Adorno beobachtet eine besondere Kälte der Menschen, die er im Zusammenhang mit der Fetischisierung der Technik sieht. Die Technik nehme eine Schlüsselposition ein und werde als gattungserhaltendes Mittel fetischisiert, da ein menschenwürdiges Leben von der kapitalistisch-verwalteten Welt der Produktion verdeckt und vom Bewusstsein der Menschen isoliert werde. Menschen, die zur Fetischisierung von Technik neigen, sind nach der Diagnose Adornos Menschen, die nicht lieben können.[51] Die Forderung nach mehr Liebe würde jedoch eine andere Charakterstruktur voraussetzen als die gegenwärtig vorherrschende. Diese Unfähigkeit zur Identifikation ist es jedenfalls, die für eine solche Katastrophe wie Auschwitz grundlegend war. (vgl. ebd.: 99ff)

> „Denn Bildung ist eben das, wofür es keine richtigen Bräuche gibt; sie ist zu erwerben nur durch spontane Anstrengung und Interesse, nicht garantiert allein durch Kurse, und wären es auch solche vom Studium generale. Ja, in Wahrheit fällt sie nicht einmal Anstrengungen zu, sondern der Aufgeschlossenheit, der Fähigkeit, überhaupt etwas Geistiges an sich herankommen zu lassen und es produktiv ins eigene Bewußtsein aufzunehmen, anstatt, wie ein unerträgliches Cliché lautet, damit bloß lernend, sich auseinanderzusetzen." (Adorno 1982: 40)

Nach Adorno, der sich mit dieser Aussage wiederum auf Kant bezieht, leben wir längst nicht in einem aufgeklärten Zeitalter, jedoch in einem Zeitalter der Auf-

---

[51] Gerade auch die Universität als übermächtiger Kontrollmechanismus befördert die fragliche Fetisch-Begabung ihrer Mitglieder und gewöhnt das ungedeckte Denken denjenigen früh ab, die „[...] – wie man das so nennt – Assistenten sind [...] (Adorno 182:135)". Freilich sind auch Professoren vor mangelnder Reflexionsfähigkeit nicht gewappnet.

klärung, was impliziert, dass die Kategorie der Mündigkeit notwendigerweise
eine der Dynamik darstellt und nicht Sein, sondern prozesshaftes Werden beschreibt. (vgl. Adorno 1982: 144) Es gilt die Befreiung vom „[…] Habitus geistiger Unfreiheit […]" (ebd.: 44).

2.2.2 Max Horkheimer über Bildung

Max Horkheimer definiert Bildung in seiner Vorlesung zur Immatrikulation der
neuen Lehramtsstudierenden im Wintersemester 1951/52 als die Formung des
Menschen durch die Vermittlung von äußeren und inneren Anlagen. (vgl. Horkheimer 1985: 410) Adorno betont im Kontext der Bildungsprozesse die Richtung, die Bildung nimmt, indem er festhält, dass sie „[…] von außen nach innen
geht[,] […] [nicht] umgekehrt, so wie es die Ideologie will […] (Adorno 1982:
58)". Obwohl Horkheimer im Grunde ausführt, dass die Wirklichkeit und ihre
Begriffe mehrdeutig und widersprüchlich seien und er den Begriff der Bildung –
so auch der Titel seiner Vorlesung – nicht definieren will, so entfaltet er ihn
zumindest implizit. (vgl. Horkheimer 1985: 409f)

Seine Vorlesung kann als Anleitung für *Bildung* und *Studium* im richtigen
Bewusstsein angesehen werden. Er unterstellt den Studierenden das Bewusstsein
dafür, dass sie die Universität nicht bloß als Ort der Erschließung besserer wirt-
schaftlicher und gesellschaftlicher Karrieremöglichkeiten begreifen, sondern als
Gelegenheit „[...] zur reicheren Entfaltung der menschlichen Anlagen, zu einer
angemessenen Erfüllung der eigenen Bestimmung [...]. Der Begriff der sogleich
sich darbietet, wenn diese Vorstellung sich aussprechen will, ist der der Bildung." (ebd.: 410) Der Begriff der Bildung sei dem Geformten verwandt und
weise damit auf Bildung und Formung hin. Auch der lateinische Ausdruck
eruditio, welcher ein Ausdruck für die gelehrte Bildung sei, beschreibe die
Herausnahme des Menschen aus der natürlichen Rohheit, da wir Menschen ungebildet nennen, die ungeschliffen erscheinen und gesellschaftlich unvermittelte
Natur darstellen. In der Bildung bestehe die Natur jedoch in einer vernünftigen
Form fort. Diese Bestimmung des Bildungsbegriffs sei allerdings überkommen,
da der Bildung die Substanz des Ungebildeten entzogen worden sei. (vgl. ebd.:
410f)
Die Beziehung von Gesellschaft und Natur habe sich im Kapitalismus und den
aus ihm resultierenden industrialisierten und technisierten Arbeitsschritten zu
Lasten der Natur verändert. Eine vollkommene Beherrschung der Natur, also die
Zerstörung nichtkapitalistischer Elemente im Kapitalismus macht Bildung unmöglich. Das Arbeitstempo westlicher Industriegesellschaften, die Organisation
und technische Entwicklung reißen zunehmend gesellschaftliche Teilbereiche in

die kapitalistische Ordnung, die gemessen an ihrer geschichtlichen Entwicklung noch nicht reif dazu seien. Die Zivilisierung des Menschen in der kapitalistisch total verwalteten Welt lasse den Prozess der Bildung in einen der Verarbeitung mutieren, der dem Gegenstand keine Zeit lasse. (vgl. Horkheimer 1985: 410ff) „Zeit aber steht für Liebe; der Sache, der ich Zeit schenke, schenke ich Liebe; die Gewalt ist rasch." (ebd.: 411) Gebildet werde man nicht durch das, was man »aus sich selbst macht«, nicht durch bloße Aneignung, sondern einzig in der leidenschaftlichen Hingabe an die Sache, in der intellektuellen Arbeit und ihrer Praxis. (vgl. ebd.: 415)

„Daß den Menschen alles in der Welt [...] zum bloßen Instrument wird, trägt mit dazu bei, daß [...] die Welt bloß verwaltet, die Humanität zur Phrase wird." (ebd.: 415ff) Diese Verdinglichung von Bildung und Sozialem sei die eigentliche Krise der Bildung. Dabei beruft sich Horkheimer auf die moderne Psychologie, die beweise, dass Triebe als Ausdruck der Natur nicht zurückgedrängt, jedoch unterdrückt, irgendwann zum Ausbruch kommen und proportional zum Anwachsen der Unterdrückung das zerstörerische Potential dieser Triebe ansteige. Industrielle Prozesse legen somit den Grundstein für barbarische Ausbrüche aus der beherrscht routinierten Gesellschaft. (ebd.: 412)

> „Unendlich viel Krudes und Ungeformtes wird von der allgegenwärtigen Formung dünn übersponnen. Der Widerspruch zwischen diesem Übersponnensein und dem Darunterliegenden, im weiten Maße Formlosen, hat seine verhängnisvollen Aspekte: die alten traditionalistischen Bildungselemente werden aufgelöst, ohne dass der neue Zustand des Geistes bereits am Bewusstseinsstand der Subjekte seine Stütze hätte, und so wächst tatsächlich heran, was Spengler den modernen Höhlenmenschen nannte." (ebd.: 413)

Im Gegensatz zu Adorno betont Horkheimer, dass Unbildung nicht auf ländliche Bezirke beschränkt sei. So bezweifelt er beispielsweise „[...] ob ein Bauer aus dem neunzehnten Jahrhundert wirklich so viel ungebildeter war, als ein Jüngling es ist, der seine »Freizeit« – so nennt man das heutzutage – damit verbringt, sich in einem Strandbad systematisch braunbraten und dazu sein Radio dudeln zu lassen [...] (ebd.: 412)". Wenn Horkheimer vom Umschlag der Bildung in Verarbeitung spricht, dann geht es dabei um die in der Bildung enthaltenen Rückstände des Ungebildeten und Rohen, dass von der Zivilisation zwar mitgeschleppt, jedoch längst nicht durchdrungen sei. Der Entwicklungsstand von Wissenschaft und Technik lasse die Intellektualität der Massen und die damit zusammenhängende geistige Urteilsfähigkeit der Bevölkerung meilenweit hinter sich. Im Hinblick auf die totale und oberflächliche Vergesellschaftung, deren Folgen tiefe Spuren des Schreckens in der Geschichte hinterlassen haben, formuliert Horkheimer die Hoffnung, dass die neue „[...] Generation nicht noch weitere und neue [Folgen der totalen und oberflächlichen Vergesellschaftung] zu tragen hat, daß sie die Kraft – und vor allem die Zeit – findet, Einsicht zu gewinnen in das Wesen des anscheinenden Verhängnisses, und schließlich die Macht, es abzuwenden, ehe sie in es hineingezogen wird. Das ist die Bildungsaufgabe, zu der wir gegenwärtig, an deutschen Universitäten, aufgerufen sind. (Horkheimer 1985: 413)"

So wie Adorno den Studierenden Intellektualität abspricht, die in bloßem Auswendiglernen befangen, zu selbstständigen Denk- und Reflexionsprozessen nicht in der Lage sind, so betont Horkheimer, dass zur Bildung eine Einstellung gehöre, die nicht gekennzeichnet sei von dem Gedanken, dass die wichtigsten Dinge zwischen vernünftigen Menschen längst abgemacht wären. (vgl. ebd.: 414) Die Fähigkeit, *Erfahrungen* zu machen, kann nicht in isolierten Aneignungs- und Akkumulationsprozessen vonstatten gehen. Die Erfahrung von Kunst beispielsweise müsse in Zusammenhang mit einem Leben in Beziehung zur Welt stehen. So wie Horkheimer dem Konsumenten von Museen, Städten und Konzerten die faktische Erfahrung diese Kulturgüter abspricht, so unterscheidet Pierre Bourdieu das kulturelle Kapital, das neben sozialem und ökonomischem Kapital die Kapitalstruktur, also das symbolische Kapital eines Menschen ausmacht, wiederum in inkorporiertes, institutionalisiertes und objektiviertes kulturelles Kapital. (vgl. Bourdieu in Kreckel 1983: 185) Wenn Horkheimer sagt, es sei mit bloßer Aneignung nicht getan, dann heißt das im Prinzip soviel wie: Objektiviertes Kulturkapital ist ohne die Fähigkeit zur Erfahrung als Botenstoff nicht in inkorporiertes Kulturkapital transferierbar.

> „Wer nicht aus sich herausgehen, sich an Anderes, Objektives ganz und gar verlieren und arbeitend doch darin sich erhalten kann, ist nicht gebildet und der sogenannte Gebildete, der dazu unfähig ist, wird stets Male einer Beschränktheit und Befangenheit aufweisen, die seinen eigenen Anspruch auf Bildung Lügen strafen." (Horkheimer 1985: 415)

Diese Voraussetzung für Bildung bezieht sich weniger auf ein spezifisches Tätigkeitsfeld, als vielmehr auf die gesellschaftliche Verbesserung durch Bildung im Ganzen. (ebd.: 415) Die Universität wird von Horkheimer als ein Ort der auf Wahrheit, Freiheit und Humanität bezogenen Zusammenkunft von Studierenden mit Lehrenden in Gemeinschaft bezeichnet. An diesem Ort komme es auf Dinge an, deren Wert durch gemeinsamen »Besitz« nicht geschmälert, sondern gesteigert werde. Davon hänge schließlich nicht nur die eigene Existenz, sondern auch die der Gesamtgesellschaft ab. (vgl. Horkheimer 1985: 416) Die Universität „[...] ist ein Ort, wo [...] [menschliche] Beziehungen sich anspinnen und damit auch die jugendlichen Bindungen und Freundschaften entstehen, die im Kleinen das Wesen der Gesellschaft vorwegnehmen, wie sie einmal im Großen als die richtige Gesellschaft sich gestalten soll [...] (ebd.: 417)".

Horkheimers Begriff von *Freundschaft* und Brüderlichkeit ähnelt den Ausführungen von Adorno über Liebe zwischen den Menschen, die einer durch die warenförmige Organisation der Gesellschaft entstanden Kälte Platz gemacht habe. (vgl. Adorno 1982: 101) Freundschaft sei schwer organisierbar und ergebe sich lediglich aus einem gemeinsamen konkreten Anliegen in der Welt, das politischer oder religiöser Natur sein könne. Die menschliche Beziehung zum Selbstzweck sei hingegen Ausdruck der verkappten Religion, welche die Liebe zur Wahrheit eliminiere. (vgl. Horkheimer 1985: 418) Im Namen des Senats[52] bittet Horkheimer die Studierenden um die aktive Mitarbeit im Bereich der studentischen und universitären Selbstverwaltung. Er betont:

> „Zu den Beziehungen, die an der Universität aufgrund vernünftiger Interessen sich ergeben können, gehören vor allem jene, die Sie im Zuge Ihrer Mitwirkung an der studentischen Selbstverwaltung anknüpfen. Es ist mir wohlverständlich, daß der AStA und das Stud[ierenden]parlament, die Fachschaft und die Vollversammlung für viele unter Ihnen zunächst keine Verlockung bilden. Geben Sie dieser Abneigung nicht nach. An den meisten öffentlichen Übeln der neuen Geschichte war wenigstens ebenso sehr wie die Aktivität der Bösen die Inaktivität der Besseren schuld." (ebd.: 418f)

Es geht ihm dabei um die Bildung von Menschen mit Zivilcourage, Widerstandskraft und innerer Unabhängigkeit, die sich als geistige Menschen in der Welt des Gegengeistes behaupten. (ebd.: 418) Horkheimer erwähnt die Versuchung, periodische Unterscheidungen echter und unechter Bildung nach der Zuordnung zu historischen Epochen vorzunehmen, „[...] während doch in den gepriesenen Epochen die Mehrheit der Menschen sich in dumpfer und unfreier Arbeit verzehrte [...] (Horkheimer 1985: 414)". Gibt man dieser Versuchung nach, so sieht man auf der Grundlage eines traditionell-idealistischen Bildungsbegriffs Bildung dort, wo sich Menschen wie Kunstwerke gestalten und zum Objekt eigener Formung werden. Bei diesem nach innen gerichteten Prozess geht die Kraft verloren, die für die Formung nach außen, also die Formung der Welt notwendig ist. Mit dem romantizistischen Bildungsideal gehen genau genommen die Subjekte verloren, die zum Widerstand gegen Kapitalismus, totale Verwal-

---

[52] Der Senat ist das höchste beschlussfassende Hochschulgremium in der universitären Selbstverwaltung, dem abhängig von der universitären Hierarchie mehr oder weniger Angehörige der der Hochschule angehörenden Statusgruppen mit Sitz und Stimme vertreten sind. Das Präsidium ist dort ebenfalls vertreten und der Präsident hat den Vorsitz. Je nach Hochschulgesetzgebung kann die tatsächliche Ausprägung dieses Gremiums von der demokratischen Institution bis hin zum die faktische Präsidialhoheit verschleiernden Abnicktheater reichen.

tung und Barbarei die Grundalge bilden. Mit dem Bildungsideal der Romantizisten ziehen sich, bereits vor dem 19. Jahrhundert beginnend, gestaltender Wille
und Liebe von der Gesellschaft auf das Subjekt zurück, welches somit zum Objekt wird und Faschismus und Barbarisierung bereits ankündigt. (ebd.)
Auch an dieser Stelle muss circa 40 Jahre Theoriegeschichte nach den kritisch-
theoretischen Ausführungen über Bildung übersprungen werden.

2.3 Das Bologna-Projekt

Mit dem Begriff „Bologna-Prozess"[53] wird ein Vorhaben von 47 europäischen
Staaten bezeichnet, bei dem deren unterschiedliche Hochschulsysteme bis zum
Jahr 2010 zu einem einzigen internationalen Hochschulsystem im Sinne eines
einheitlichen europäischen Hochschulraumes (European Higher Education Area,
EHEA) umstrukturiert werden sollen. Dieses internationale Hochschulsystem
soll dabei vor allem global wettbewerbsfähig sein. (vgl. Walter 2001: 13) Es
handelt sich bei dieser großen Hochschulreform um eine rechtlich unverbindli-
che Absprache zwischen Bildungsministern der inzwischen 47 beteiligten europäischen Staaten. Die Umsetzung in Deutschland erfolgt auf Länderebene und ist
demnach durchaus unterschiedlich ausgestaltet. Bei dem Bologna-Projekt handelt es sich in Deutschland um die größte Hochschulreform seit den preußischen
Bildungsreformen der Jahre 1809/10. Die nationale Bologna-Gruppe Deutschlands besteht aus VertreterInnen des Bundesministeriums für Bildung und Forschung (BMBF), des Deutschen Akademischen Austauschdienstes (DAAD), der
Hochschulrektorenkonferenz (HRK), der Kultusministerkonferenz (KMK), des
freien zusammenschlusses von studentinnenschaften (fzs), der Bundesvereini-
gung Deutscher Arbeitgeberverbände (BDA), der Gewerkschaft Erziehung und
Wissenschaft (GEW), des Akkreditierungsrates und des deutschen Studenten-
werks (DSW). Die Aufgaben der nationalen Bologna-Gruppe bestehen in der
Erarbeitung von Lösungen für die Umsetzung der Bologna-Grundsätze und -
Ziele auf Bundesebene. In diesem Rahmen werden auch Seminare zu verschiedenen Themenbereichen des Bologna-Prozesses angeboten. (vgl. www.hrk.de)[54]
    Im Grunde ist das Bologna-Projekt allerdings kein EU-Prozess, da es über
die Grenzen des Mitgliedschaftsraums der Europäischen Union (EU) hinausgeht

---

[53] In Anlehnung an Thomas Walter wird die Bezeichnung „Bologna-Prozesses" im weiteren Text
durch den Begriff des „Bologna-Projektes" ersetzt. „Mit diesem Kunstgriff wird beabsichtigt, eine
analytisch exaktere Unterscheidung zwischen den Zieldefinitionen und der Selbstbezeichnung einerseits sowie dem „Prozess" andererseits – als Verlauf verstanden und zugleich als analytische Unter-
suchungskategorie verwendet – vornehmen zu können." (Walter 2006: 16)
[54] Der korrekte Link lautet: http://:www.hrk.de/bologna/de/home/1976.php

und somit „[...] ein[en] auf Gesamteuropa bezogene[n], multinationale[n] und multilaterale[n] Koordinierungsprozess [...] (Walter 2006: 14)" darstellt.[55]

Die Bildungs- und Hochschulpolitik sollen allerdings trotz Bologna-Projekt weiterhin zum Kompetenzbereich von Nationalstaaten und Universitäten gehören, werden allerdings zunehmend als Dienstleistungen behandelt.

Die Ziele des Bologna-Projektes sind:

- Die Förderung der Mobilität durch Beseitigung von Mobilitätshemmnissen für Lehrende, Studierende und Forschende,
- Die Schaffung eines Systems leicht verständlicher und vergleichbarer Abschlüsse (Diploma Supplement[56]),
- Die Schaffung eines zweistufigen Systems von Studienabschlüssen (undergraduate/ graduate),
- Die Einführung eines Leistungspunktesystems nach dem Modell des European Credit Transfer System (ECTS),
- Die Förderung der europäischen Zusammenarbeit bei der Qualitätssicherung,
- Der Ausbau des Lebenslangen Lernens/Lebenslanger Weiterbildung als Bestandteil des EHEA,
- Der Aufbau einer europäischen Doktorandenausbildung als dritter Zyklus neben undergraduate und graduate. (Walter 2006: 14)

Walter bezeichnet das Bologna-Projekt als Wendepunkt europäischer Hochschulpolitik und konstatiert:

„Wendepunkte ziehen, bildlich gesprochen, eine Schleppe hinter sich her und werfen einen Schatten voraus. Sie markieren in einer Entwicklungsreihe denjenigen

---

[55] Vom Bologna-Prozess zu unterscheiden ist der so genannte Lissabon-Prozess, ein mit dem Bologna-Prozess zwar vergleichbares, jedoch nur auf die EU-Mitgliedstaaten bezogenes Projekt. (vgl. Walter 2006: 15)

[56] „Das "Diploma Supplement" (DS) ist ein Text mit einheitlichen Angaben zur Beschreibung von Hochschulabschlüssen und damit verbundener Qualifikationen. Als ergänzende Information zu den offiziellen Dokumenten über Hochschulabschlüsse (Verleihungs-Urkunden, Prüfungs-Zeugnisse) soll es – international und auch national – die Bewertung und Einstufung von akademischen Abschlüssen sowohl für Studien- als auch für Berufszwecke erleichtern und verbessern. [...] Das Diploma Supplement [wird] allen Studierenden, die ab 2005 ihr Studium abschließen, von den Hochschulen automatisch und gebührenfrei ausgestellt [...]. Seit Beginn des Jahres 2005 ist das Diploma Supplement ein Teil des "Europass", einer Initiative europäischer Staaten zur internationalen transparenten Dokumentation arbeitsmarktrelevanter Qualifikationen und Kompetenzen." (http://www.hrk.de/bologna/de/home/1997.php)

Punkt, von dem aus sich etwas überraschend und unerwartet umkehrt. Sie stellen nur partiell einen Bruch dar; vielmehr sind sie eine Kehre, von der aus sich das Geschehen unter neuen Vorzeichen und mit neuen Merkmalen weiterentwickelt." (Walter 2006: 17)

Der Rahmen dieses Wendepunktes setzt sich aus den im zweijährigen Turnus stattfindenden Ministerkonferenzen zusammen, von denen bis dato sechs an den folgenden Orten stattgefunden haben: Bologna (Italien) 1999, Prag (Tschechische Republik) 2001, Berlin (Deutschland) 2003, Bergen (Norwegen) 2005, London (Großbritannien) 2007 und Leuven (Belgien) 2009. Zudem ist das Treffen in Budapest (Ungarn) und Wien (Österreich) 2010 erwähnenswert. Ergänzend zu der politischen Entscheidungsebene dieser großen Konferenzen verlaufen zahlreiche Vorbereitungs- und Nachbereitungstreffen auf unterschiedlichen Ebenen. (vgl. Walter 2006: 14) Zusammenfassend kann das Bologna-Projekt, aufgrund der Vielzahl der beteiligten Akteure, der daraus resultierenden komplexen Konstellationen sowie der Seltenheit dieses interdependenten Ereignisses als „komplexes Makrophänomen" zusammengefasst werden. (vgl. Mayntz in Mayntz 2002: 7; Walter 2006: 22)

2.3.1 Die Sorbonne-Deklaration 1998

Die Initialisierung und Auftaktveranstaltung zum Bologna-Prozess fand nicht in Bologna, sondern in Paris, genauer, an der Pariser Sorbonne statt. „Als zum Abschluss dieses zweitägigen Treffens die Kultur- und Bildungsminister Frankreichs [...], Deutschlands [...], Großbritanniens [...] und Italiens [...] eine gemeinsam vorbereitete Erklärung, die Sorbonne-Deklaration unterzeichneten, hatten sie einen nachhaltigen Überraschungscoup gelandet." (Walter 2006: 123) Mit der Sorbonne-Deklaration, die den Titel „Joint declaration on harmonisation of the architecture oft he European higher education system (Sorbonne-Deklaration 1998: 1)" trägt, wird der Anspruch auf einen umfassenden Geltungsbereich von Europa formuliert, indem neben der wirtschaftlichen Dimension nun auch „[...] intellectual, cultural, social and technical dimensions [...] (ebd.)" in das Blickfeld geraten. Lebenslanges Lernen soll innerhalb von Europa durch eine mobilitätsfördernde „[...] open European Area for higher learning [...] (ebd.)", genauer, mit einer „[...] European area of [...] higher education [...] (ebd.: 1f)" erreicht werden. Dabei soll die Vergleichbarkeit der Hochschulstudiengänge durch eine gleichförmige, zweistufige Systemstruktur, die auf die zwei Hauptzyklen „undergraduate" und „graduate" aufgebaut ist, erreicht werden.

Die Hochschulstrukturen in Europa sind noch bis in das 21. Jahrhundert vor allem dadurch gekennzeichnet, dass „[…] even more systems than countries […] (Haug 1999: 14)" existieren. Ebenso problematisch gestaltet sich diesbezüglich die Formenvielfalt der Hochschulen, die von Universitäten, über Fachhochschulen/ Polytechnika bis zu pädagogischen Hochschulen und anderen Organisationsformen reicht. Selbst die Zulassungsverfahren zu den Studiengängen reichen vom Numerus Clausus bis hin zu Eignungsprüfungen und die Einteilung eines akademischen Jahres in Semester, Trimester oder Studienjahre steht der Vereinheitlichung des europäischen Hochschulraumes zunächst ebenso im Wege. (vgl. Walter 2006: 130)

Der erste Zyklus des Studiums, „undergraduate", soll als „[…] appropriate level of qualification […] (Sorbonne-Deklaration 1998: 2)" eine erste Berufsqualifizierung darstellen. Der zweite Zyklus „graduate" soll die Wahl zwischen einem „master's degree" und einem „doctor's degree" ermöglichen, „[…] research and autonomous work […] (ebd.)" beinhalten und eine wissenschaftliche Qualifikation darstellen. (vgl. Walter 2006: 124f) Dieses zweizyklische Modell ist in der Sorbonne-Deklaration zwar nicht näher spezifiziert, doch dem ersten Zyklus „undergraduate" entspricht der Bachelor-Abschluss, dem zweiten Zyklus „graduate" entsprechen der Master-Abschluss und der angelsächsische Doktortitel PhD. Die zweistufige Konstruktion des Studiums dient somit explizit der „[…] möglichst rasche[n] Herstellung einer Berufsfähigkeit, bzw. Beschäftigungsfähigkeit („employability"), die durch ein verkürztes Hochschulstudium zu erreichen sei […] (Walter 2006: 127)".

Zur Mobilitätserleichterung soll das ECTS-Benotungssystem implementiert werden, so dass die Studierenden in beiden Zyklen ein Auslandssemester absolvieren können. Diese „[p]rogressive harmonisation of the overall framework of our degrees and cycles […] (Sorbonne-Deklaration 1998: 3)" soll schließlich die genannte European Area of Higher Education rahmen. Es bleibt allerdings nicht bei einer Rahmung der Studienstruktur, ohne dass die Studieninhalte berührt würden. Die Einführung neuer Curricula zur Schaffung eines gemeinsamen Bezugsrahmens kommt schließlich nicht um die Berücksichtigung der Employability-Forderung umhin.

2.3.2 Die Bologna-Deklaration 1999

Mit dem im Jahr 1999 stattfindenden Treffen der 32 MinisterInnen und StaatssekretärInnen aus 29 Staaten[57] in Bologna unter dem Konferenztitel „Der Europäische Hochschulraum" (Bologna-Deklaration 1999: 1) konnte die volle Zustimmung zu den in der Sorbonne-Deklaration gefassten Prinzipien festgehalten werden. Laut Bologna-Deklaration müsse die „[...] Errichtung eines vollständigeren und umfassenderen Europas [...]" (ebd.) auf der Basis von Wissen und Bildung erreicht werden, damit „[...] ein Gefühl der Zugehörigkeit zu einem gemeinsamen sozialen und kulturellen Raum [...] (ebd.)", also ein „european demos" entstehen könne.

Bis zum Jahr 2010 sollten die Veränderungen nach innen, also „[...] größere Kompatibilität und Vergleichbarkeit der Hochschulsysteme [...] (ebd.: 3)" und „Employability", also die Beförderung von Berufs-, bzw. Beschäftigungsfähigkeit sowie die Signale der weltweiten „Attraktivität" und die Verbesserung der „internationalen Wettbewerbsfähigkeit des europäischen Hochschulsystems" (ebd.) nach außen verwirklicht sein. (vgl. Walter 2006: 133)[58] Zur Erreichung dieser Zieldefinitionen wurde ein Handlungsprogramm beschlossen, das die folgenden sechs Maßnahmen beinhaltet:

1.) Ein „[...] System leicht verständlicher und vergleichbarer Abschlüsse [Hervorh.: J.Ch.M.] [...] (ebd.)", das über ein Diploma Supplement ermöglicht wird.
2.) Eine auf die zwei Hauptzyklen „undergraduate" und „graduate" basierende Studienstruktur.
3.) Die Unterstützung der Mobilität durch die Einführung eines an das European Credit Transfer System (ECTS) angelehnten „Leistungspunktesystems".
4.) Die Unterstützung der Mobilität für Studierende, Wissenschaftler, Lehrende und Verwaltungspersonal durch die „Überwindung der Hindernisse, die der Freizügigkeit in der Praxis im Wege stehen" (Bologna-Deklaration 1999: 4f).
5.) Die Erarbeitung vergleichbarer Methoden und Kriterien zur „Qualitätssicherung".

---

[57] „Die Teilnehmer umfassen die Staaten der Europäischen Union, die Beitrittskandidaten zur Europäischen Union und die EWR [Europäischer Wirtschaftsraum – European Economic Area] /EFTA [European Free Trade Area] -Staaten." (Walter 2006: 132)
[58] Seit 2009 ist der Zeitraum bis hin zur Zielerreichung des Bologna-Projektes allerdings noch einmal um 10 Jahre erhöht, also demnach bis zum Jahr 2020 aufgestockt worden. (vgl. London-Kommunikee 2007: 8; Leuven-Kommunikee 2009: 1; Budapest-Wien-Erklärung 2010: 1)

6.) Die „Förderung der erforderlichen europäischen Dimension [...]" (ebd.: 5) und damit einhergehend die in den folgenden Bereichen: „Entwicklung von Curricula, internationale Zusammenarbeit, Integration von Studien-, Ausbildungs- und Förderprogrammen." (vgl. Bologna-Deklaration 1999: 3ff/ Walter 2006: 133f)

Die Umsetzung der Bologna-Maßnahmen wurde durch die Einrichtung von Kontaktstellen in jedem Unterzeichnerstaat, denen je ein nationaler Bologna-Beauftragter vorsitzt, unterstützt. Diese Bologna-Beauftragten (Bologna-Contact-Person) bilden eine so genannte „Große Vorbereitungsgruppe"[59], die, von der jeweiligen EU-Präsidentschaft geleitet, einmal im Jahr sowie unter besonderem Bedarf zur Vorbereitung der Folgekonferenz tagen und als oberstes beschlussfassendes Gremium unterhalb der Ministerebene fungieren. (vgl. Friedrich 2000: 280/ Walter 2006: 134) Parallel zu den „Großen Vorbereitungsgruppen" existieren zudem so genannte „Kleine Vorbereitungsgruppen", die „[...] zweimal jährlich [tagen] und [...] die Funktion [haben], die Ziele und Maßnahmen des Bologna-Projektes zu konkretisieren und die Umsetzung durch Vorlagen und Entwürfe von Empfehlungen zu unterstützen. Ihre zweite Aufgabe liegt in der Berichterstatterfunktion für die „Follow-up-Gruppe"[60] [...]. (Walter 2006: 134)" Die Zusammensetzung der kleinen Vorbereitungsgruppe besteht aus vier Vertretern der Gastgeberländer der gegenwärtigen, vorangegangenen und noch folgenden Ministerkonferenzen, wobei das Gastgeberland den Vorsitz übernimmt. Von den vier Vertretern sollen je zwei aus EU- und je zwei aus Nicht-EU-Staaten stammen. Die Wahl der Mitglieder erfolgt durch die Follow-up-Gruppe. (vgl. Walter 2006: 145)

Zwischen der Bologna-Konferenz im Jahr 1999 und der Prager Konferenz im Jahr 2001 fanden drei so genannte Bologna-Seminare statt, die sich mit den Problemen befassten, die bei der Überführung der Bologna-Forderungen in die Praxis ergeben haben. Die Seminare befassten sich mit folgenden Themen:

---

[59] Die „große Vorbereitungsgruppe" wird im Zuge des Prag-Kommunikees 2001 in „Follow-up-Gruppe" umbenannt. (vgl. Walter 2006: 145)

[60] Diese „Follow-up-Gruppe" setzt sich für den Zeitraum bis zur Konferenz von Prag zusammen aus Mitgliedern der folgenden Organisationen: Rektorenkonferenz der Europäischen Union [Confederation of European Rector's Conferences, bzw. Comité de Liaison des Recteurs des Etats membre da la Communauté européenne] (Eurec), Europäische Rektorenkonferenz [Associations of European Universities, bzw. Conférence permanente des Recteurs et Vice-Chanceliers des Universités Européennes] (CRE), Generaldirektion für Bildung (Europäische Kommission) und Mitgliedern des Gastlandes (Tschechische Republik). Die Leitung der Gruppe übernimmt derjenige EU-Mitgliedsstaat, der zum Zeitpunkt der Zusammenkunft die EU-Präsidentschaft stellt. (vgl. Walter 2006: 134, 221f)

Tabelle 1:   Die Bologna-Seminare (Eigene Darstellung)

	1. Leira (Portugal) 24.-25.11.2000	2. Helsiniki (Finnland) 16.-17.02.2001	3. Malmö (Schweden) 02.-03.03.2001
Problem	Credit- Akkumulierung und -transfer	Annäherung zwi- schen unterschiedli- chen Bachelorab- schlüssen	Auswirkungen auf Hochschulsysteme und einzelne Hoch- schulen sowie Si- cherstellung von Qualitätsstandards

(vgl. Walter 2006: 135)

Noch vor der Konferenz in Prag, trafen sich die Hochschulvertreter von über 300 Nationen in Salamanca (Spanien) und formulierten ihre Wünsche und Forderungen an die Minister der Konferenz in Prag. (Prag-Kommunikee 2001: 1ff) Bei dieser Zusammenkunft wurden „[...] zwei [...] intermediäre Organisationen zu einer gemeinsamen Organisation [...] fusionier[t]. Die Europäische Rektoren-konferenz (CRE) wurde mit den Rektorenkonferenzen der Europäischen Union (Eurec) zur European University Association (EUA) [...] vereinigt (Walter 2006: 136)". Neben dem symbolischen Stellenwert des weiteren Ausbaus des Europäischen Hochschulraumes hatte diese Fusion auch die praktische Funktion, die Gestaltung der eigenen Zukunft selbst zu organisieren.

> „Unter dem Titel *Shaping the European Higher Education Area* stellt die Erklärung von Salamanca in ihrem ersten Teil („Principles") einen direkten Bezug zu der 1988 formulierten Magna Charta Universitatum[61] [...] her. Neben der akademischen Freiheit (vgl. MCU 1988) sei es für die *European Higher Education Area* notwendig, den Universitäten auch „managerial freedom" zu gewähren, damit diese eine „autonomy with accountability" (Salamanca-Declaration 2001) entwickeln könnten." (Walter 2006: 137)

Die European University Association (EUA) legte neben der Reduzierung von Regulierung sowie administrativer und finanzieller Kontrolle vor allem auf zwei

---

[61] Die Magna Charta Universitatum (MCU) stellt ein Papier mit Grundsätzen der europäischen Universität dar, das im Jahr 1988 zum akademischen Festakt anlässlich des 900-jährigen Bestehens der Universität in Bologna, zehn Jahre vor der Initialisierung des Bologna-Projektes mit der Sorbonne-Deklaration im Jahr 1998, von Universitätsrektoren und Präsidenten europäischer und außereuropäischer Universitäten verfasst wurde. (vgl. Magna Charta Universitatum 1988; Walter 2006: 123)

Prinzipien großen Wert: Auf der Basis von europäischen Traditionen soll die Hochschulbildung als „public responsibility" und die Forschung als Grundlage für die akademische Lehre bestehen bleiben. Das zweite Prinzip lässt nicht nur einen unmittelbaren Bezug zur „Magna Charta Universitatum" (MCU), sondern auch einen mindestens mittelbaren Bezug zu Humboldts Forderung der „Einheit von Forschung und Lehre" (vgl. Humboldt in Müller 1990: 282) erkennen.

Die Statusgruppe der Studierenden[62] war bei der Bologna-Konferenz zwar anwesend, jedoch nicht eingeladen. So fanden sich die Vertreter der Studierenden auch vor der Konferenz in Prag wieder zusammen, avancierten dort zum Keynote-Speaker und erlangten schließlich einen offiziellen Beobachterstatus, der gleichrangig mit der Position der European University Association (EUA) ist. (vgl. Prag-Kommunikee 2001: 2/ Walter 2006: 138)

Die European Students' Union (ESU) befürwortet „[...] den Bologna-Prozess [,unter Betonung der sozialen Implikationen von Bildung,] als entscheidenden Schritt zu einem Europa ohne Grenzen und verweist darauf, dass Hochschulbildung alle Europäer auf der Basis vergleichbarere Bedingungen einschließen sollte [...] (Walter 2006: 138)". Hochschulbildung habe dabei sowohl zu fachlich-professioneller, als auch zu persönlicher Qualifikation beizutragen. Die Studierenden seien keine „[...] consumers of a tradable education [...]" (Göteborg-Declaration 2001: 2). Die Zugangsberechtigungen zu einem Studium müssen insofern vereinheitlicht werden, dass ein austauschförderndes Hochschulsystem geschaffen und gleichzeitig den finanziellen Möglichkeiten der Studierenden

---

[62] Die Gruppe der Studierenden tritt in Form der ESU (European Students' Union), ehemals ESIB (European Student Information Bureau), institutionalisiert auf. „ESIB [war] die Dachorganisation von 50 verschiedenen nationalen Studierendenvereinigungen aus 37 Ländern. 1982 von sieben nationalen Verbänden unter dem Namen „West European Student Information Bureau" (WESIB) gegründet, benannte sich der Dachverband unter dem Einfluss der Ereignisse von 1989 in „European Student Information Bureau" (ESIB) um. Mit der Etablierung von ständigen Arbeitsgruppen und einer Ausweitung der Vertretungsmacht des Vorsitzes nach außen wurde, unter Beibehaltung der Abkürzung ESIB der Name der Organisation 1993 in „The National Unions of Students" in Europe geändert." (Walter 2006: 138) Im Jahr 2007 benannte sich die Organisation in European Students' Union (ESU) um, da sich die Rolle des Informanten für europäische Studierende nach dem Selbstverständnis der in der ESU tätigen Studierenden zu einer repräsentativen Rolle der europäischen Studierendenbewegung gewandelt habe. (vgl. http://www.esib.org/index.php/News/news-archive/187-esib-becomes-esu) Die Selbstbeschreibung auf der ESU-Homepage lautet folgendermaßen: „The European Students' Union (ESU) is an umbrella organisation of 45 National Unions of Students (NUS) from 37 countries. The NUSes are open to all students in their respective country regardless of political persuasion, religion, ethnic or cultural origin, sexual orientation or social standing. Our members are also student-run, autonomous, representative and operate according to democratic principles. The aim of ESU is to represent and promote the educational, social, economic and cultural interests of students at the European level towards all relevant bodies and in particular the European Union, Bologna Follow Up Group, Council of Europe and UNESCO. Through its members, ESU represents over 11 million students in Europe." (http://www.esib.org/index.php/About%20ESU/what-is-esu)

entgegengekommen werden kann. Zudem fordern die in der ESU organisierten Studierenden eine größere Transparenz an den Hochschulen und begrüßen daher die Einführung des Diploma Supplements. Schließlich formulieren die Studierenden am Ende der Göteborg-Deklaration noch die Einbeziehung der Studierenden in den Bologna-Prozess als „[...] competent, active and constructive [...]" (Göteborg-Declaration 2001: 3) Partner in der europäischen Hochschulpolitik. (vgl. Walter 2006: 139)

2.3.3 Das Prag-Kommunikee 2001

Die erste Bologna-Folgekonferenz fand im Jahr 2001 in Prag unter dem Titel „Auf dem Wege zum europäischen Hochschulraum" (Prag-Kommunikee 2001: 1) statt und steht durch die Wahl des Konferenzortes symbolisch für die avisierte Erweiterung der Europäischen Union. Die bis dahin erarbeiteten Positionen und Maßnahmen wurden von allen beteiligten Akteuren[63] bekräftigt, ergänzt und konkretisiert. Unter Verzicht auf die Verknüpfung des Bologna-Projekts mit einem weiter gefassten Rahmen der Europäisierung resümierten die Vertreter der Mitgliedstaaten die bis dahin in Angriff genommen Maßnahmen und Schritte zu deren Umsetzung. Die, in sechs Maßnahmen formulierten, Bologna-Zieldefinitionen wurden im Prag-Kommunikee mit drei neu aufgenommenen Maßnahmen ergänzt und erweitert. (vgl. Walter 2006: 142f) Zu den, bereits in Kapitel 2.3.2 „Die Bologna-Deklaration 1999" dargestellten, Maßnahmen treten im Prag-Kommunikee nun folgende Maßnahmen hinzu:

7.) Die zentrale Bedeutung von „lebensbegleitendem Lernen" (Prag-Kommunikee 2001: 2), bzw. lebenslangem Lernen für ein auf Wissen aufbauendes Europa.

8.) Die, für den Gesamterfolg des Bologna-Prozesses notwendige, Einbeziehung von Hochschuleinrichtungen und Studierenden.

---

[63] Mit der Prager Konferenz erhöhte sich die Anzahl der beteiligten europäischen Staaten von bis dahin noch 29 auf 33. Die neuen Mitglieder waren Kroatien, die Türkei und Zypern. Lichtenstein wurde 1999 bei der Einladung zur Bologna-Konferenz vergessen und an dieser Stelle rückwirkend als Teilnehmerstaat zur Bologna-Deklaration anerkannt. Außerdem erlangt die Europäische Kommission den Vollmitgliedsstatus und arbeitet damit gleichgestellt mit den Teilnehmerstaaten. (vgl. Walter 2006: 145f) Für den Follow-up-Prozess werden als Beobachter und Konsultationspartner außerdem folgende Organisationen aufgenommen: Der Europarat, die European University Association (EUA), die European Association of Institutions of Higher Education (EURASHE) und die National Unions of Students in Europe (ESIB). (vgl. Prag-Kommunikee 2001: 10)

9.) Die Attraktivitätsförderung der EHEA, durch verständliche, vergleichbare und qualitativ hochwertige Studiensysteme. (vgl. Prag-Kommunikee 2001: 2/ Walter 2006: 144)

Mit der Aufnahme des Europarates in die Follow-up-Gruppe erfolgt der Vorschlag, seitens des Europarates, dass auch Staaten die Teilnahme am Bologna-Projekt ermöglicht werden könnte, „[...] die keine Signatarstaaten der Europäischen Kulturkonvention [...] sind [...] (Walter 2006: 152)".[64]

2.3.4 Das Berlin-Kommunikee 2003

Mit der zweiten Bologna-Nachfolgekonferenz unter dem Titel „Den europäischen Hochschulraum verwirklichen" (Berlin-Kommunikee 2003: 1) wurde das Berliner Kommunikee 2003 verabschiedet. Zur Prozessbeschleunigung wurden die Maßnahmen nach Priorität neu gruppiert. Als „Dreh- und Angelpunkt" (Berlin-Kommunikee 2003: 3) der Einrichtung eines europäische Hochschulraumes, rückt der Punkt der Qualitätssicherung (im Maßnahmenkatalog der Bologna-Deklaration 1999 auf Platz fünf von sechs) (vgl. Bologna-Deklaration 1999: 5) in das Zentrum der Aufmerksamkeit in Berlin. „[...] [G]emäß dem Grundsatz der institutionellen Autonomie [...] (Berlin-Kommunikee 2003: 3)" liegt die Qualitätssicherung im Verantwortungsbereich der Hochschulen auf der Grundlage eines nationalen Qualitätssicherungssystems. Bis zum Jahr 2005 sollten diesbezüglich sowohl Maßnahmen auf nationaler, als auch auf europäischer Ebene ergriffen worden sein. Nationale Qualitätssicherungssysteme sollten die Zuständigkeiten von Qualitätssicherungs-Institutionen festlegen, Programme oder Institutionen evaluieren und ein Akkreditierungs- oder Zertifizierungssystem[65] ein-

---

[64] Mit dem Berlin-Kommunikee wird diese Teilnahme 2003 zum Teilnahmekriterium. Als neue Mitglieder werden Albanien, Andorra, Bosnien und Herzigowina, der Heilige Stuhl, Russland, Serbien, Montenegro und Mazedonien begrüßt. Nunmehr sind 40 europäische Staaten am Bologna-Projekt beteiligt. (vgl. Berlin-Kommunikee 2003: 10)

[65] In Deutschland sind die folgenden, im Zuge des Bologna-Projektes gegründeten, sechs Akkreditierungsagenturen, im Auftrag des deutschen Akkreditierungsrates (vgl. http://www.akkreditierungsrat.-de/) und nach Zulassung durch die Stiftung zur Akkreditierung von Studiengängen in Deutschland, für die inhaltliche und fachliche Begutachtung von modularisierten Studiengängen mit dem Bachelor- oder Master-Abschluss zuständig: Die Agentur für Qualitätssicherung durch Akkreditierung von Studiengängen e.V. (AQAS), die Akkreditierungsagentur für Studiengänge der Ingenieurswissenschaften, der Informatik, der Naturwissenschaften und der Mathematik e.V. (ASIIN), die Akkreditierungsagentur für Studiengänge im Bereich Gesundheit und Soziales e.V. (AHPGS), das Akkreditierungs-, Certifizierungs- und Qualitätssicherungs-Institut e.V. (ACQUIN), die Foundation for International Business Administration Accreditation (FIBAA) und die Zentrale Evaluations- und Akkreditie-

richten. Auf der europäischen Ebene sollen „[…] Normen, Verfahren und Richtlinien […]" (Berlin-Kommunikee 2003: 4) sowie Möglichkeiten für die Begutachtung (peer review) der Qualitätssicherungsagenturen und -einrichtungen erar-
beitet und eingerichtet werden.

Zu den in der Bologna-Deklaration formulierten sechs Maßnahmen im Jahr
1999, die im Prag-Kommunikee um drei weitere Maßnahmen im Jahr 2001 ergänzt wurden, tritt im Berlin-Kommunikee schließlich eine zehnte im Jahr 2003
hinzu: Die Doktorandenausbildung soll als dritter Studienzyklus in die Studienstruktur integriert werden und somit als Schnittstelle zwischen Forschung und
Lehre in Europa, also dem europäischen Forschungsraum und dem europäischen
Hochschulraum, fungieren. (vgl. Berlin-Kommunikee 2003: 8/ Walter 2006:
155)

Im Rahmen der Berliner Zusammenkunft werden auch die Organisations-
struktur66 und der Aufgabenbereich der Follow-up-Gruppe erneut verändert,
bzw. erweitert. Sie ist sowohl mit der Vorbereitung der folgenden Konferenz als
auch mit der Prozessgesamtleitung beauftragt. Ergänzend zu ihren üblichen Aufgaben soll die Follow-up-Gruppe bis zur Folgekonferenz in Bergen nun außerdem eine bilanzierende Bestandsaufnahme des bisherigen Prozessverlaufes er-
stellen, so dass gegebenenfalls rechtzeitig korrigierend eingegriffen werden
kann. (vgl. Berlin-Kommunikee 2003: 9/ Walter 2006: 156)

Während der Konferenz in Berlin wurde passend zum Titel der Verwirkli-
chung des europäischen Hochschulraumes die geringe Akzeptanz der Bachelor-
und Master-Abschlüsse angesprochen. Dabei handelt es sich vor allem um Nationen, die bis zu Beginn des Bologna-Projektes kein zweizyklisches Studiensys-
tem praktiziert haben. Diesen Problemen soll laut Berlin-Kommunikee mit einer
„Vertiefung des Dialogs" (Berlin-Kommunikee 2003: 4) begegnet werden.

---

rungsagentur (ZEvA). (vgl. http://www.aqas.de/ ; http://www.asiin.de/ ; http://www.ahpgs.de/ ;
http://www.acquin.org/ ; http://www.fibaa.de/news1.php ; http://www.zeva.org/)
[66] Die „Follow-up-Gruppe" setzt sich für den Zeitraum bis zur Konferenz von Bergen zusammen aus
allen Teilnehmerstaaten und der Europäischen Kommission sowie den beratenden Mitgliedern der
folgenden Organisationen: Der Europarat, die United Nations Educational, Scientific and Cultural
Organization (UNESCO)/das European Centre for Higher Education [Centre européen pour
l'enseignement supérieur] (CEPES), die European University Association (EUA), die European
Association of Institutions of Higher Education (EURASHE) und das European Student Information
Bureau (ESIB). Die Leitung der Gruppe übernimmt das Land, welches zum Zeitpunkt der Zusammenkunft die EU-Präsidentschaft stellt. Die Stellvertretung übernimmt der EU-Mitgliedstaat, der sich
als Gastgeberland für die Folgekonferenz verantwortlich zeichnet (vgl. Walter 2006: 156)

2.3.5 Das Bergen-Kommunikee 2005

Bei der Konferenz in Bergen mit dem Titel „Der europäische Hochschulraun –
die Ziele verwirklichen" (vgl. Bergen-Kommunikee 2005: 1) handelt es sich um
die Halbzeit des Bologna-Projektes, dessen Ende für das Jahr 2010 terminiert
wurde. (vgl. http://www.bmbf.de/de/3336.php) Die beteiligten Akteure[67] nehmen
die Konferenz somit zum Anlass einer Zwischenbilanzierung der bisher umge-
setzten Maßnahmen und Zieldefinitionen sowie der Ziel- und Prioritätenerarbei-
tung im Hinblick auf das Jahr 2010.

    Nach der einhelligen Zustimmung zu allen in Erklärungen und Kommuni-
kees manifestierten Grundsätzen betonen die zuständigen Minister im Bergen-
Kommunikee zuerst „[...] die zentrale Rolle der Hochschulen, ihrer Mitarbeiter
und der Studierenden als Partner im Bologna-Prozess [...] (Bergen-Kommunikee
2005: 1)" und ermutigen die genannten Statusgruppen zur Fortsetzung und Verstärkung der Errichtung des europäischen Hochschulraumes. (vgl. ebd.)

    Die Bilanz (stocktaking report) macht deutlich, dass in den drei Schwer-
punktbereichen Studienstruktur, Qualitätssicherung und der Anerkennung von
Studienabschnitten und Studienabschlüssen Fortschritte seit der vorangegangenen Konferenz erzielt wurden. Es wird daraufhin der Aufbau einer entsprechenden Fachkompetenz auf Hochschul- und Regierungsebene, relativ unspezifisch,
durch verstärkten Informationsaustausch, gefordert. (vgl. ebd.: 2) Ebenso bedür-
fe es „[...] eine[s] verstärkten Dialog[s] zwischen Regierungen, Hochschulen
und Sozialpartnern, um die Beschäftigungsfähigkeit von Absolventen mit Bache-
lorabschluss, auch im Hinblick auf entsprechende Positionen im öffentlichen
Dienst, zu fördern [...] (Bergen-Kommunikee 2005: 2)". Im Bereich der Qualitätssicherung wird die Notwendigkeit weiterer Fortschritte, vor allem bezogen
auf die internationale Zusammenarbeit und die Beteiligung der Studierenden,
proklamiert. Die Probleme bezüglich der Anerkennung von Studienabschlüssen
und -abschnitten sollen durch die Ausarbeitung von jeweils nationalen Aktions-
plänen, im Rahmen der Länderberichte, bis zur nächsten Konferenz bearbeitet
werden. Außerdem soll daran gearbeitet werden, dass für die Hochschulzu-
gangsberechtigung auch außeruniversitär erworbene Kenntnisse (prior learning)
sowie möglicherweise informelle und nicht-formale Lernergebnisse anerkannt
werden. (vgl. ebd.: 3f)

    Es wird festgestellt, „[...] dass die Anstrengungen zur Durchführung struk-
tureller Veränderungen und zur Steigerung der Qualität der Lehre nicht auf Kos-
ten der Stärkung von Forschung und Innovation gehen dürfen [...] (ebd.: 4)" und

---

[67] Mit der Konferenz in Bergen erhöht sich die Anzahl der beteiligten europäischen Staaten von bis
dahin noch 39 auf 45. Die neuen Mitglieder sind: Armenien, Aserbaidschan, Georgien, Moldau und
die Ukraine. (vgl. Bergen-Kommunikee 2005: 1)

Synergieeffekte zwischen dem europäischen Forschungsraum und dem europäischen Hochschulraum verstärkt werden sollen. In diesem Kontext wird anerkannt, dass die Arbeitsbelastung einer Promotion im dritten Studienzyklus einem Vollzeitstudium von drei bis vier Jahren entspreche und eine Überregulierung dieser Qualifizierungsphase zu vermeiden sei. (vgl. Bergen-Kommunikee 2005: 4f)

Zum Auftrag der Fortführung und Erweiterung der Bestandsaufnahme werden im Zuge der Bergener Konferenz weitere Aufgaben für die Follow-up-Gruppe[68] formuliert. So soll diese über die Umsetzung und Weiterentwicklung des übergreifenden, dreizyklischen Qualifikationsrahmens[69] im europäischen Hochschulraum berichten, Partnerregionen für einen Gedanken- und Erfahrungsaustausch im Bereich der Hochschulentwicklung identifizieren, die Mobilität von Studierenden und wissenschaftlichem Personal sowie die wirtschaftliche Lage der erstgenannten Statusgruppe anhand von vergleichbaren Daten erheben und geeignete Methoden für die weitere Bestandsaufnahme verwenden sowie insgesamt geeignete Maßnahmen für die Weiterentwicklung im Hinblick auf das Prozessende im Jahr 2010 in Betracht ziehen. (vgl. ebd.: 2ff)

2.3.6 Das London-Kommunikee 2007

Unter dem Titel „Auf dem Wege zum Europäischen Hochschulraum: Antworten auf die Herausforderungen der Globalisierung" (London-Kommunikee 2007: 1) findet die nunmehr vierte Bologna-Folgekonferenz in London statt. Die teilnehmenden Akteure[70] bekräftigen zunächst die in den vorherigen Konferenzen festgelegten Grundsätze und betonen besonders, „[...] dafür Sorge zu tragen, dass weder Studierende noch wissenschaftliches Personal auf irgendeine Weise diskriminiert werden [...] (ebd.: 2)" sollen. Fortschritte in den bis dato diskutierten Bereichen der Mobilität, der Strukturen von Abschlüssen, der Anerkennung von Vorleistungen, der Qualifikationsrahmen, dem lebensbegleitendem Lernen, der

---

[68] Die Struktur der Follow-up-Gruppe verändert sich in Bergen 2005 durch die Aufnahme von weiteren beratenden Mitgliedern: Die paneuropäische Education International (EI), das European Association for Quality Assurance in Higher Education (ENQA) und die Union of Industrial and Employers' Confederations of Europe (UNICE). (vgl. Bergen-Kommunikee 2005: 7)

[69] „Qualifikationsrahmen sind wichtige Instrumente zur Herstellung von Vergleichbarkeit und Transparenz innerhalb des EHR und zur Erleichterung der Mobilität innerhalb und zwischen den Hochschulsystemen. Sie sollen ferner die Hochschulen dabei unterstützen, Module und Studiengänge auf der Grundlage von Lernergebnissen zu entwickeln und die Anerkennung der Abschlüsse sowie aller Formen der Vorbildung zu verbessern." (London-Kommunikee 2007: 3)

[70] 2007 wird die Republik Montenegro als neuer Teilnehmerstaat aufgenommen. Damit sind nun 46 Staaten am Bologna-Projekt beteiligt. (vgl. London-Kommunikee 2007: 1)

Qualitätssicherung, der Doktoranden, der sozialen Dimension und dem europäischen Hochschulraum als Teil der Globalisierung werden genannt und Desiderate formuliert. (vgl. London-Kommunikee 2007: 2ff) In Bezug auf die geforderte Mobilität von Studierenden und Lehrenden im europäischen Hochschulraum sollen „[...] Fragen der Zuwanderung, der Anerkennung, unzureichende finanzielle Anreize und unflexible Ruhestandsregelungen [...] (ebd.)" bearbeitet werden. Im Bereich der Struktur von Abschlüssen sollen Hindernisse für den Hochschulzugang beseitigt und das ECTS-System eingeführt werden. Zur Frage der Beschäftigungsfähigkeit von Graduierten soll die entsprechende Datenerhebung weiterentwickelt werden. (ebd.: 3) „Eine gerechte Anerkennung von Hochschulabschlüssen, Studienzeiten und Vorkenntnissen (prior learning) einschließlich der Anerkennung nicht-formellen und informellen Lernens sind [ebenso] wichtige Elemente des EHR [...] als auch weltweit." (ebd.) Doch müssten die unterschiedlichen institutionellen und nationalen Ansätze im Bereich der Anerkennung noch kompatibel werden.

Zur Optimierung dieser Anerkennungsverfahren soll die Bologna Follow-up-Gruppe (BFUG), die Netzwerke des European Network of National Information Centres on Academic Recognition and Mobility (ENIC) und des Network for Academic Recognition Information's Centres (NARIC) zur Analyse der nationalen Aktionspläne und Verbreitung bewährter Praktiken veranlassen. (vgl. ebd.: 3) Bezüglich der Qualifikationsrahmen müsse die Ausgestaltung unter Maßgabe der Motivation von Mobilität und der damit einhergehenden Beschäftigungsverbesserung erfolgen. (vgl. ebd.) Da sich „[...] ein systematische[r] Ausbau flexibler Ausbildungswege zur Unterstützung lebenslangen Lernens [...] noch in den Anfängen befindet [...] (London-Kommunikee 2007: 4)" wird die Bologna Follow-up-Gruppe um die Verstärkung des Austauschs über bereits bewährte Praktiken gebeten. Die BFUG soll in diesem Zusammenhang gemeinsam mit ENIC/NARIC Vorschläge zur Optimierung der Vorbildungsanerkennung erarbeiten. Im Bereich der Qualitätssicherung seien Studierende zwar bereits seit dem Jahr 2005 beteiligt, doch auch diesbezüglich werden im Londoner Kommunikee Verbesserungen gefordert. (vgl. ebd.) „Da die Hauptverantwortung für die Qualität bei den Hochschulen liegt, sollten diese ihre Qualitätssicherung weiter entwickeln." (ebd.)

Die E4-Gruppe[71] soll zu diesem Thema in einem jährlichen Turnus weiterhin europäische Foren zum Austausch der bewährten Verfahren organisieren. Außerdem soll die E4-Gruppe durch die BFUG regelmäßig über die Fortschritte

---

[71] Die E4-Gruppe besteht aus der European University Association (EUA), dem European Network for Quality Assurance in Higher Education (ENQA), der European Association of Institutions of Higher Education (EURASHE) und dem European Student Information Bureau, National Unions of Students in Europe (ESIB). (vgl. London-Kommunikee 2007: 4)

des Europäischen Registers der Qualitätssicherungsagenturen[72] berichten, damit dieses nach zweijähriger Arbeit evaluiert werden kann. (vgl. London-Kommunikee 2007: 4f)

Bezogen auf den dritten Studienzyklus, also die Doktor[ieren]denausbildung, werden die Hochschulen aufgefordert, „[...] geeignete Berufswege und Möglichkeiten für Doktor[ierende] und wissenschaftlichen Nachwuchs zu entwickeln [...] (ebd.: 5)", während die European University Association zur Fortsetzung „[...] ihre[r] Unterstützung für den Erfahrungsaustausch zwischen den Hochschulen [,] über die sich in Europa entwickelnden innovativen Promotionswege sowie über andere entscheidende Fragen wie transparente Zugangsbedingungen, Betreuung und Begutachtung, die Entwicklung überfachlicher Fähigkeiten und Fertigkeiten und Wege einer Verbesserung der Beschäftigungschancen [...] (ebd.: 5)" aufgefordert wird.

Im Bereich der sozialen Dimension ist im Londoner Kommunikee relativ unspezifisch von einer Fortsetzung der Bemühungen um eine angemessene Studierenden-Betreuung, die Schaffung flexibler Wege der Ausbildung zur Hochschulbildung und innerhalb derer auf der Grundlage von Chancengleichheit, eine auf allen Ebenen zunehmende Beteiligung, die Rede. (vgl. ebd.) Schließlich sollen die Fortschritte hin zum Europäischen Hochschulraum unter Berücksichtigung des globalen Rahmens[73] auch durch die Arbeit in folgenden Politikbereichen weiter vorangetrieben werden: „Verbesserung der Information über den EHR und Förderung seiner Attraktivität und Wettbewerbsfähigkeit, Ausbau der partnerschaftlichen Zusammenarbeit, Intensivierung des politischen Dialogs und Verbesserung der Anerkennung." (London-Kommunikee 2007: 6)

Für die Folgekonferenz im Jahr 2009 sollen die beschlossenen Aktionslinien umgesetzt und das Augenmerk auf die bekannten Handlungsfelder der Mobilität, der sozialen Dimension, der Datenerhebung, der Beschäftigungsfähigkeit, dem europäischen Hochschulraum im globalen Rahmen und der Bestandsaufnahme (stocktaking) gerichtet sein. Zur Förderung von Mobilität soll ein Netzwerk aus nationalen Experten zum Informationsaustausch eingerichtet werden, das Hindernisse im Bereich der Mitnahme von Darlehen und Stipendien ermit-

---

[72] „Zweck dieses Verzeichnisses ist es, allen Akteuren und der Öffentlichkeit freien Zugang zu objektiven Informationen über zuverlässige Qualitätssicherungsagenturen zu ermöglichen, die in Übereinstimmung mit den ESG [Standards und Leitlinien für Qualitätssicherung im europäischen Hochschulraum] arbeiten." (London-Kommunikee 2007: 4)

[73] „Der Europäische Hochschulraum im globalen Rahmen" (The European Higher Education Area in a Global Setting) wird als Strategie benannt und soll bezüglich der „[...] gemeinsamen Richtlinien der OECD [Organization for Economic Cooperation and Development] und UNESCO [United Nations Educational, Scientific and Cultural Organization] zur Qualitätssicherung in der grenzüberschreitenden Hochschulbildung (Guidelines for Quality Provision in Cross-border Higher Education) (London-Kommunikee 2007: 6)" intendiert sein.

teln und beseitigen soll. (vgl. London-Kommunikee 2007: 6) Unter Berücksichtigung der sozialen Dimension sollen „[...] auch über die nationalen Strategien und politischen Leitlinien [...] berichte[t] und [...] dabei Aktionspläne und Maßnahmen zur Bewertung ihrer Wirksamkeit ein[geschlossen] [werden]. [Dabei sind] [...] alle Akteure zur Teilnahme und zur Unterstützung dieser Arbeit auf nationaler Ebene auf[gefordert] [...] (ebd.)". Zur Förderung der Mobilität von Studierenden und Lehrenden sowie der Berücksichtigung der sozialen Dimension soll die BFUG gemeinsam mit der Europäischen Kommission (Eurostat) und Eurostudent, „[...] vergleichbare und zuverlässige Indikatoren und Daten [...] entwickeln, die der Messung der Fortschritte hin zum übergreifenden Ziel [...] in allen Bologna-Ländern dienen [...] (ebd.: 6f)". Die BFUG erhält außerdem die Aufgabe der Prüfung der Beschäftigungsfähigkeit hinsichtlich der dreistufigen Studien- und Abschlussstruktur unter Berücksichtigung des lebenslangen Lernens.

Zudem wird der eingehende Austausch über die Reformkonzepte seitens der Regierungen und Hochschulen mit Arbeitgebern und weiteren Akteuren gefordert. (vgl. ebd.: 7) Im Hinblick auf den europäischen Hochschulraum im globalen Rahmen wird die BFUG mit einem Bericht zu dessen Entwicklung, dem Ausbau der Homepage des Bologna-Sekretariats sowie dem Bologna-Handbuch der European University Association zur Informationsverbesserung und Verbesserung der Anerkennung beauftragt. Die Hochschulen, die ENIC/NARIC-Netzwerke und weitere für die Anerkennung zuständige Institutionen werden aufgefordert, andere Qualifikationen, in Anlehnung an diese Informations- und Anerkennungsrichtlinien, mit Offenheit zu bewerten. (vgl. ebd.)

Die genannten Prioritäten für die Folgekonferenz im Jahr 2009 sollen durch die BFUG schließlich auf der Grundlage nationaler Berichterstattung in einer Bestandausnahme (stocktaking) gesammelt und gebündelt werden.

Wie bereits im Bergen-Kommunikee 2005 enthalten, befindet sich auch am Ende des London-Kommunikees ein Ausblick auf das Jahr 2010 – doch diesmal wird außerdem auf die Zeit nach 2010 Bezug genommen. (ebd.: 8) Daran wird bereits ersichtlich, dass das Bologna-Projekt bis zum Jahr 2010 mit großer Wahrscheinlichkeit nicht abgeschlossen sein würde.[74] Das Jahr 2010 soll zum Anlass genommen werden, die „Vision" des Bologna-Projektes „erneut zu formulieren" (London-Kommunikee 2007: 7). Die BFUG soll die Weiterentwicklung des europäischen Hochschulraumes nach 2010 beraten und Vorschläge für adäquate Arbeitsstrukturen erarbeiten. Außerdem wird die BFUG, in Zusammenarbeit mit den beratenden Mitgliedern, mit der Erstellung eines Evaluierungsberichtes be-

---

[74] Die konkrete Formulierung im London-Kommunikee lautet dazu: „Mit dem weiteren Ausbau des EHR und den Antworten auf die Herausforderungen der Globalisierung gehen wir davon aus, dass auch nach 2010 eine Zusammenarbeit notwendig ist." (London-Kommunikee 2007: 8)

auftragt, der außerdem eine unabhängige Bewertung der Fortschritte des Bologna-Projektes seit dem Beginn im Jahr 1999, beinhalten soll. Die Entscheidung über Ort, Art und Inhalt der Konferenz im Jahr 2010 wird ebenso an die BFUG delegiert. (vgl. London-Kommunikee 2007: 8)

2.3.7 Das Leuven-Kommunikee 2009

Am Beginn des Leuven-Kommunikees, welches den Titel „Bologna-Prozess 2010 – der Europäische Hochschulraum im kommenden Jahrzehnt" (vgl. Leuven-Kommunikee 2009: 1) trägt, und 2009 als Zwischenbilanz des Bologna-Projektes von 46 Ministerinnen und Ministern verabschiedet wurde, sind zunächst vier einleitende Präambel verfasst. Diese kennzeichnen relativ allgemein die Situation in Europa, unter Berücksichtigung der demographischen Entwicklung, der Globalisierung, der Finanz- und Wirtschaftskrise sowie des „european demos". (vgl. ebd.)

Das Kommunikee ist mit den genannten Präambeln insgesamt in 29 Punkte gegliedert. Die, nach den Präambeln, folgenden drei Punkte beziehen sich auf Erfolge und die Konsolidierung des Projekts. Wie bereits aus der Überschrift ersichtlich, wird das Bologna-Projekt um weitere zehn Jahre verlängert und ist nicht im Jahr 2010 abgeschlossen. So wird unter Punkt sieben expliziert: „Da bis heute nicht alle Vorgaben vollständig erreicht wurden, sind über das Jahr 2010 hinaus eine verstärkte Dynamik und ein zusätzliches Engagement erforderlich, damit diese Zielsetzungen auf europäischer, nationaler und institutioneller Ebene verwirklicht werden können." (ebd.: 2)

Unter dem zweiten Kapitel, das den Titel „Lernen für die Zukunft: Prioritäten in der Hochschulbildung für das kommende Jahrzehnt" (ebd.) trägt, wird an erster Stelle das Streben nach Exzellenz in allen Bereichen der Hochschulbildung genannt. Es folgen weitere Ausführungen zu den Themenbereichen der sozialen Dimension, bezogen auf die Gerechtigkeit des Hochschulzugangs und die Vollendung des Studiums, des lebenslangen Lernens, der Beschäftigungsfähigkeit, dem studienzentrierten Lernen und dem Lehrauftrag der Hochschulen, der Bildung, Forschung und Innovation, der internationalen Offenheit, der Mobilität, der Datenerhebung, der multidimensionalen Transparenzinstrumente sowie der Finanzierung. (vgl. Leuven-Kommunikee 2009: 2)

Im Bereich der *sozialen Dimension* sollen die Beteiligung und die Förderung des Potentials von Studierenden unterrepräsentierter Gruppen erreicht werden. (ebd.) „Dazu zählen eine Verbesserung des Lernumfeldes, der Abbau von Hindernissen für ein Studium sowie die Schaffung angemessener ökonomischer Voraussetzungen […]." (ebd.) Diese Ziele sollen bis zum Jahr 2020, ergänzend

„[...] durch Maßnahmen in anderen Bereichen des Bildungssystems [...] (Leu-ven-Kommunikee 2009: 3)" erreicht werden.
Das *Lebenslange Lernen* soll auch durch flexible Bildungswege, wie beispiels-weise das berufsbegleitende Studium oder im Teilzeitstudium, garantiert werden. Die dafür notwendigen Finanzmittel und Organisationsstrukturen sollen durch nationale Politiken gefördert werden und so Teil der institutionellen Praktiken an den Hochschulen werden. (vgl. ebd.) Zudem soll „[...] bis 2012 die Ausarbei-tung [...] [der] nationalen Qualifikationsrahmen ab[geschlossen] und die Selbst-zertifizierung im Hinblick auf die Vereinbarkeit mit dem übergreifenden Quali-fikationsrahmen des EHR vor[bereitet] [...] (ebd.)" sein.
Die *Beschäftigungsfähigkeit* der europäischen Alumni soll durch die Zu-sammenarbeit von Hochschulen, Arbeitgebern, Regierungen und Behörden er-reicht werden. Daraufhin müsse eine qualitative Verbesserung der Beratungs-dienstleistungen in den Bereichen Beruf und Karriere für Absolvierende und Studierende erfolgen. (vgl. ebd.)
Der *Lehrauftrag der Hochschule* wird in seiner Bedeutung bekräftigt und das *studienzentrierte Lernen* soll vor allem durch eine„[...] fortlaufend[e] Re-form der Studienpläne, die auf eine Weiterentwicklung der Lernergebnisse ab-zielt [...] (ebd.)" erfolgen.
Im Bereich von *Bildung, Forschung und Innovation* sei eine Erhöhung der Anzahl forschungskompetenter Personen anzustreben. Es wird die Interdiszipli-narität von Doktoratsprogrammen, ebenso wie die Forderung nach einer attrakti-veren Gestaltung von Karrieremöglichkeiten für Nachwuchsforschende durch Hochschulen und öffentliche Institutionen, betont. (vgl. ebd.)
Die Förderung der *internationalen Offenheit* soll im Hinblick auf den internatio-nalen Wettbewerb, unter Einbeziehung verschiedener Akteure mit der Organisa-tion von so genannten Bologna Policy Foren gesichert werden. Damit könne schließlich die partnerschaftliche Zusammenarbeit von Bologna-Ländern und anderen Weltregionen ergänzt werden und die Verstärkung des politischen Dia-logs erfolgen. Zur Qualitätssicherung in der transnationalen Bildung seien paral-lel zu den europäischen Leitlinien und Standards des EHR auch die Guidelines for Quality Provision in Cross-Border Higher Education[75] von Bedeutung. (vgl. ebd.: 4)
Da die *Mobilität* als Indikator für die Intensivierung des globalen Wettbe-werbs unter den Hochschulen gesehen wird, sind „[...] alle Länder auf[gefordert], die Mobilität zu erhöhen, ihre hohe Qualität zu gewährleisten und ihre Ausprägungen und ihre Ausdehnung zu diversifizieren. Bis 2010 sollen

---

[75] Bei den Guidelines for Quality Provision in Cross-Border Higher Education handelt es sich um „[...] die gemeinsamen Richtlinien der OECD und der UNESCO zur Qualitätssicherung in der grenzüberschreitenden Hochschulbildung [...] (Leuven-Kommunikee 2009: 3)".

mindestens 20 Prozent der Graduierten im EHR einen Studien- oder Praktikums-
aufenthalt im Ausland absolviert haben. (Leuven-Kommunikee 2009: 4)" Hier
wird auf Mobilitätsfenster und gemeinsame Abschlüsse als Bestandteil gängiger
Studienpraxis hingearbeitet. Die dafür notwendigen transnationalen und nationalen Anstrengungen müssen sich vor allem auf „[…] Finanzierung, Anerkennung,
verfügbare Infrastruktur sowie Regelungen betreffend Aufenthalts- und Arbeits-
bewilligungen […] (ebd.)" konzentrieren, damit ein ausgewogenes Studieren-
denverhältnis von „incoming and outcoming" gesichert werden kann. Die Mobilität der Lehrenden und Nahwuchsforschenden kann hingegen nur über „[…] die
Ausschöpfung der bestehenden gesetzlichen Möglichkeiten [,] einen angemessenen Zugang zur sozialen Sicherheit [zu] gewährleisten und die Mitnahmemög-
lichkeit von Pensionsansprüchen und ergänzend[en] Rentenansprüch[en] […]
(Leuven-Kommunikee: 5)" dauerhaft gewährleistet werden.

Im Hinblick auf die Mobilität, die Beschäftigungsfähigkeit und die soziale
Dimension sei zudem die Konzentration auf die *Datenerhebung* zur Bestandauf-
nahme und für das „Benchmarking" wichtig. (vgl. ebd.)

Die *multidimensionalen Transparenzinstrumente* sollen in enger Orientie-
rung an den Bologna-Grundsätzen erfolgen und dabei „[…] auf vergleichbare
Daten und zweckmäßige Indikatoren abstellen […] (ebd.)".

Zur Sicherstellung des gleichberechtigten Zugangs zu Hochschulen sowie
der Autonomie und nachhaltigen Entwicklung von Hochschulen wird „[…] die
öffentliche *Finanzierung* [Hervorh.: J.Ch.M.] des Hochschulwesens als Aufgabe
des Staates […] [als] wichtigste Maßnahme […] (Leuven-Kommunikee: 5)"
anerkannt. In gleichem Atemzug wird jedoch auch die Notwendigkeit „[d]er
Suche nach neuen und diversifizierten Finanzierungsquellen und -methoden […]
(ebd.)" hervorgehoben.

Nach den Ausführungen zu den Erfolgen und der Konsolidierung des Bologna-Projektes folgt mit sechs Punkten ein abschließendes Kapitel zu „Organisationsstruktur und Follow-up". (ebd.: 4) Nach Bestätigung der Zweckmäßigkeit
der bestehenden Organisationsstruktur wird die Regelung des Vorsitzes insofern
verändert, dass dieser künftig von einem Nicht-EU-Mitgliedsland gemeinsam
mit dem Land, das den EU-Ratspräsidenten stellt, wahrgenommen wird. (vgl.
ebd.: 5) „Um die Kooperation mit anderen Politikbereichen sicherzustellen,
pflegt die BFUG den Kontakt zu Experten/Expertinnen und politischen Ent-
scheidungsträgern und -trägerinnen aus anderen Gebieten wie zum Beispiel Forschung, Einwanderung, soziale Sicherheit und Beschäftigung." (ebd.) Außerdem
wird die BFUG zur Umsetzung der im Londoner Kommunikee vereinbarten
Prioritäten und Empfehlungen, unter Berücksichtigung der unabhängigen Bewer-
tungsergebnisse mit der Ausarbeitung eines Arbeitsplans bis in das Jahr 2012
beauftragt. (vgl. ebd.) „Die BFUG wird insbesondere gebeten:

- die Indikatoren zur Messung und Überwachung der Mobilität und der sozialen Dimension in Verbindung mit der Datenerhebung zu definieren;
- zu prüfen, wie innerhalb des EHR eine ausgeglichene Mobilität erreicht werden kann;
- die Entwicklung der Transparenzmechanismen zu überwachen und anlässlich der Ministerkonferenz im Jahr 2012 darüber Bericht zu erstatten;
- unter optimaler Nutzung vorhandener Strukturen ein Netzwerk zu errichten, das außerhalb des EHR eine verbesserte Information und Öffentlichkeitsarbeit über den Bologna-Prozess erlaubt;
- das Follow-up zu den Empfehlungen der Analyse der nationalen Aktionspläne zur Anerkennung sicherzustellen." (Leuven-Kommunikee 2009: 6)

Eine koordinierte Berichterstattung über die Umsetzung des Bologna-Projektes habe außerdem unter BFUG-Aufsicht zu erfolgen und in einen Gesamtbericht zu münden. Die E4-Gruppe wird gebeten, dafür Sorge zu tragen, dass die externe Evaluation des Europäischen Registers von Qualitätsagenturen erfolgt. Es wird abschließend bemerkt, dass die Folgekonferenz im Jahr 2012 in Bukarest stattfindet. (vgl. ebd.) Das „[...] nächst[e] Treffen findet [somit] im Rahmen der Bologna-Jubiläumskonferenz statt [...] (ebd.)".

2.3.8 Die Budapest-Wien-Deklaration 2010

Zur Eröffnung des Europäischen Hochschulraumes treffen sich die am Bologna-Projekt beteiligten Ministerinnen und Minister[76] allerdings noch einmal im Jahr 2010 in Budapest und Wien. In 13 Punkten werden in der Budapest-Wien-Deklaration dieses Jahres hauptsächlich der „Ist-Zustand"[77] des Bologna-Projekts und einige vage formulierte Anstrengungsvorhaben skizziert. Zudem wird die Verpflichtung auf die im Leuven-Kommunikee 2009 festgehaltenen Ziele für das nächste Jahrzehnt noch einmal formuliert. Es wird allerdings auch angesprochen, dass die Umsetzung der Bologna-Vorgaben in unterschiedlichen Ländern unterschiedlich gut umgesetzt werden. In diesem Kontext wird die Zusammenarbeit[78] mit Hochschulpersonal sowie Studierenden gewünscht und es

---

[76] Als neues Teilnehmerland kommt Kasachstan im Europäischen Hochschulraum hinzu. (vgl. Budapest-Wien-Erklärung 2010: 1)
[77] „Seit 1999 haben sich 47 Vertragsparteien der europäischen Kulturkonvention [...] [der Bologna-Erklärung von 1999] verpflichtet." (Budapest-Wien-Erklärung 2010: 1)
[78] Die genaue Formulierung lautet: „Wir erkennen die kritischen Stimmen aus dem Kreis des Hochschulpersonals und der Studierenden an und werden ihnen zuhören. Wir stellen fest, dass Anpassun-

finden auch die jüngsten Studierendenproteste einiger Länder eine kurze Erwäh-
nung – allerdings mit dem Verweis, dass sie „[...] sich teilweise auch gegen
Entwicklungen und Maßnahmen richteten, die nicht im Zusammenhang mit dem
Bologna-Prozess stehen [...] (Budapest-Wien-Erklärung 2010: 1)".
Unter Bezugnahme auf flexible Lernwege, Hochschulbildung als öffentliche
Aufgabe und die soziale Dimension wird die Bologna Follow-up Gruppe zur
Ermöglichung der vollständigen Umsetzung der vereinbarten Grundsätze und
Handlungsvorhaben des Bologna-Projektes abschließend mit dem Vorschlag
geeigneter Maßnahmen betraut. (vgl. ebd.: 2)

2.4 Die Umsetzung des Bologna-Projekts in Deutschland

Zu Beginn des Bologna-Projekts wurden in Deutschland die ersten Verfahren der
Bachelor- und Masterstudiengänge noch relativ lax gehandhabt. Zur Beschleuni-
gung der Umstellung auf die gestuften Studiengänge haben Akkreditierungsagenturen die Anforderungen allerdings immer weiter gesteigert und diese gehen
nun erheblich über die Bestimmungen des Hochschulrahmengesetzes (HRG) und
die Beschlüsse der Kultusministerkonferenz (KMK) hinaus. Die größte Differenz
besteht dabei im Bereich der Arbeitsbelastung (workload) von Studierenden. Bei
dem Konzept des workload wird davon ausgegangen, dass Studierende nicht
einmal in Form eines Aushilfsjobs erwerbstätig sind und auch keine Zeitkapazitäten für Engagement im familiären, politischen oder gesellschaftlichen Bereich
verwenden.
Mit der deutschen Umsetzung der Zielvorgaben von Bologna müssen Studierende im Jahr 1.800 Arbeitsstunden für ihr Studium verwenden. Diese Arbeitsstunden setzen sich aus der Konzeption einer 40-Stundenwoche bei 45 Arbeitswo-
chen im Jahr zusammen. Somit sind den Studierenden sechs Urlaubswochen und
eine Woche Krankheit im Jahr erlaubt. (vgl. http://www.hrk.de)[79]
Die Studiendauer ist bei konsekutiven Studiengängen auf 6 Semester für das
Bachelor- und 4 Semester für das Masterstudium oder auf 8 Semester für das
Masterstudium festgelegt, so dass eine Studiendauer von insgesamt 5 Jahren
nicht überschritten wird. Der so genannten Regelstudienzeit von sechs Semestern
entsprechen dabei 30 ECTS-Leistungspunkte pro Semester. Für einen Leis-

---

gen und weitere Arbeit unter Einbeziehung des Hochschulpersonals und der Studierenden auf europäischer, nationaler und insbesondere institutioneller Ebene notwendig sind, wenn der Europäische
Hochschulraum so wie von uns geplant verwirklicht werden soll. [...] Wir verpflichten uns, auf eine
effektivere Einbeziehung des Hochschulpersonals und der Studierenden bei der Umsetzung und
Weiterentwicklung des EHR hinzuarbeiten." (Budapest-Wien-Erklärung 2010: 1f)
[79] Der korrekte Link lautet: http://www.hrk.de/bologna/de/home/1923_2116.php

tungspunkt sind dabei 30 Arbeitsstunden notwendig. Diese beziehen sich auf die Präsenz in der Universität, das Selbststudium, Praktika und Prüfungen. (vgl. http://www.hrk.de)[80]

In Anbetracht der Tatsache, dass, bedingt durch das European Credit Transfer System (ECTS), an die Stelle von Zwischen- und Abschlussprüfungen nun lehrveranstaltungsbegleitende Prüfungen getreten sind, hat sich die Prüfungsbelastung für Studierende und Lehrende deutlich vervielfacht. Im Vergleich zu den alten Studiengängen kann nun von der doppelten Arbeitsbelastung für die Studierenden ausgegangen werden.

Die deutsche Umsetzung des Bologna-Prozesses wird von den betroffenen Gruppen der Universität vor allem im Hinblick auf die Intransparenz der Verfahrensimplementierung kritisiert. Der Prozess wird von einigen Betroffenen als nicht hinreichend demokratisch legitimiert angesehen, da die Beteiligten im Kern hauptsächlich exekutive Organe einzelner Nationalstaaten sind, während die legislativen Organe erst nach den wichtigen Entscheidungen zur Beratung kommen konnten. (vgl. Barth 2009 auf http://www.heise.de)[81] Außerdem werden die mit dem Bologna-Projekt verbundenen Evaluierungen zur Qualitätssicherung von den Lehrenden an der Hochschule häufig als Unsinn und die Ankunft der Experten mit ihren standardisierten Evaluationsbögen als eine Vorstellung von Clowns empfunden, die einem die Zeit stehlen. (vgl. Ackermann/Blättel-Mink in DGS 2009: 175ff)

Studierende beklagen vor allem die Überforderung durch die Arbeitsüberlastung, da in die sechssemestrigen Bachelorstudiengänge häufig die Inhalte der acht- bis neunsemestrigen Magister- und Diplomstudiengänge implementiert wurde. Dabei führt der dreisemestrige Bachelorstudiengang zu einem geringeren Qualifikationsniveau, das weder die Wahl einer wissenschaftlichen Laufbahn ermöglicht, noch als real berufsqualifizierender Abschluss angesehen werden kann. Das Bachelorstudium erscheint den Studierenden häufig als die zeitaufwendigere und anstrengendere Variante der alten Zwischenprüfung. Die Chancen auf dem Arbeitsmarkt, für welchen der Bachelor per definitionem vorbereiten soll, werden ohne Masterabschluss als gering angesehen. Dabei ist außerdem eine Konkurrenz zu den Ausbildungsberufen des deutschen dualen Bildungssystems entstanden, der für beide Seiten von Absolvierenden nicht begrüßt wird.

Durch die spezifisch deutsche Umsetzung der Bologna-Zielvorgaben, die sich vor allem in der überregulierten Form allzu starrer Curricula ausdrückt, sehen Studierende, welche die Modularisierung als Verschulung akademischer Bildung

---

[80] Der korrekte Link lautet:http://www.hrk.de/bologna/de/download/dateien/BS_080918__LaendergemeinsameStrukturvorgaben.pdf

[81] Der korrekte Link lautet: http://www.heise.de/tp/r4/artikel/30/30534/1.html

begreifen, kaum noch die Möglichkeit nach eigenen Interessensschwerpunkten zu studieren und sich wissenschaftlich zu entwickeln. Sie kritisieren außerdem die Ausrichtung des Studiums nach wirtschaftlichen und arbeitsmarktbezogenen Kriterien und sehen die akademische Bildung zunehmend dem Markt nachgeordnet und auf Verwertungsinteressen hin zugerichtet. Gleichzeitig wird den Hochschulen nicht das notwendige Kapital zur Sicherstellung ausreichender personeller, räumlicher und sachlicher Ausstattung zur Verfügung gestellt, damit die Zielvorgaben von Bologna tatsächlich ihre Wirkung entfalten können. Die deutsche Umsetzung scheint vielmehr einen jämmerlichen Abklatsch amerikanischer Elitevorhaben akademischer Bildung darzustellen.

Das Bologna-Versprechen der Mobilität wird in der deutschen Umsetzung ebenso konterkariert, indem viele neue Studienordnungen Module enthalten, die über zwei Semester laufen und einen Auslandsaufenthalt an einer anderen Hochschule praktisch verunmöglichen und es an den für solche Vorhaben notwendigen Stipendien und Fonds mangelt.

Schließlich wird, von Studierenden, Lehrenden sowie Organisationen, wie beispielsweise Gewerkschaften, insgesamt die fehlende Berücksichtigung der Chancengleichheit der verschiedenen Gruppen kritisiert. Die mit dem Bologna-Projekt einhergehende zweizyklische Studienstruktur verschärft schließlich die soziale Selektion, indem eine weitere Hürde im Bildungssystem eingezogen wurde.

Die großen Dimensionen des Reformprojektes, die soziale Dimension, die Mobilität von Studierenden und Lehrenden sowie die Vergleichbarkeit der Studiengänge und deren -strukturen wurden von Deutschland bisher offensichtlich, vor allem durch Überregulierung, verfehlt.

Positiv anzumerken ist an diesem Reformprojekt allerdings das Phänomen der Politikkonvergenz, also die transnationale Einigung von prinzipiell unabhängigen Nationalstaaten und der damit für viele Staaten verbundene normative Isomorphismus. Sowohl Studierende als auch Lehrende kritisieren in der Regel nicht die Ziele des, nur den groben Rahmen vorgebenden, Bologna-Projektes, sondern die konkreten Umstrukturierungsmaßnahmen der Hochschulen. Nicht Bologna ist gescheitert, sondern Bonn. Die Studienreform im Zuge des Bologna-Projektes hat ein enormes Potential. In Deutschland wurde dieses jedoch bisher nicht genutzt – im Gegenteil: Es sind hierzulande deutliche Rückschritte zu verzeichnen. Die Arbeitslast ist für Studenten und Lehrende durch die Modularisierung um ein Vielfaches gestiegen. Ein Ausstieg aus dem Bologna-Projekt kann jedoch keine ernstzunehmende Option sein, es müssen stattdessen die Einlösung der Versprechen von Bologna – durch einen radikalen Kurswechsel bei der Umsetzung der Reformen in Deutschland – gefordert werden. Notwendig sind dabei umfangreiche Wahlfreiheiten im Studium sowie eine drastische Reduzierung des Prüfungsumfanges und der Zugangsbeschränkungen. Für die Lehrenden müssen zudem mobilitätsfreundliche Beschäftigungsbedingungen geschaffen werden. Auch bedingt durch solche nationalstaatlichen Sonderwege, wie dem deutschen, „[…] ist [bislang] kein analytisches Gesamtkonzept zu Bologna zu erkennen, das die Kommunikation zwischen den Politikebenen vollständig erfasst und die unterschiedlichen Handlungsfelder und -niveaus in ihrer Komplementarität begreift […] (Serrano-Velarde in DGS 2009: 199)".

2.5 Vergleichende Analyse der Bildungsbegriffe

Der Bildungsbegriff der so genannten deutschen „Klassiker", hier Kant und Humboldt, Fichte, Schleiermacher und Hegel zur Skizzierung der Gesamtdebatte ausschnittartig ausgewählt, steht nun der Vorstellung von Bildung und Erziehung zur Mündigkeit, vorgetragen durch Adorno und Horkheimer, sowie einem Bildungsideal der Gegenwart, vage formuliert in den zentralen Papieren des so genannten Bologna-Prozesses, gegenüber. Die ausgewählten Beiträge umfassen circa 200 Jahre Kultur- und Universitätsgeschichte und müssen freilich in ihrem historischen Kontext begriffen und gewürdigt werden.

Am Beginn dieser Debatte steht das Modell einer Universität, die durch drei begriffliche und institutionelle Komponenten gekennzeichnet ist:

1.) Die Einheit von Lehre und Forschung
2.) Die Hierarchie der Fakultäten, mit der Philosophie als Leitwissenschaft
3.) Das normative Ideal „kooperativer Forschung" (vgl. Dubiel 2008: 2)

Die preußische Reformuniversität könne allerdings nicht nur als „Geschenk" für die europäische Kulturnation gelten, sondern auch die heutige Universität in den USA habe von ihr wichtige Impulse erfahren. Da sich die amerikanischen Universitäten jedoch auf einem Nährboden ziviler Gesellschaftsformen entwickelt haben, wurde „[d]er [d]eutsche Idealismus als Modell eines geistigen Daches der Universität […] ersetzt durch die Philosophie des Pragmatismus. Die amerikanische Universität entwickelte sich zu einer sozialen Institution anstelle einer – wie die deutsche – kulturellen Anstalt des Nationalstaats. (ebd.: 2f)" Somit ist auch ersichtlich, warum der amerikanischen Universität die Selbstaufgabe der akademischen Intelligenz bedingt durch das Aufkommen des Faschismus erspart geblieben ist. (vgl. Ringer 1987)
Auch wenn Humboldt und seine Zeitgenossen mit ihrem Bildungsideal bis in die Gegenwart hinein als scheinbare Problemlösestrategie für Missstände und Desi-

derate in der Hochschule herhalten müssen, so haben deren „[…] Ideen[,] […]
die Bühne der Geschichte längst verlassen […] (Dubiel 20008: 4)“. Die moderne
Massenuniversität der Gegenwart konnten die so genannten „Klassiker“ kaum
ahnen, waren sie doch in einer durch große Ungleichheit und eine kleine Bil-
dungselite geprägten Ständegesellschaft verhaftet. Die Studierendenmassen von
heute wären aus ihrer Perspektive der Individualbildung, im Sinne eines Studium
generale, sicher ein Horrorszenario. Humboldt spricht die Unmöglichkeit der
Gleichzeitigkeit von individueller Bildung und Massenabfertigung in Bildungs-
institutionen allerdings direkt an, indem er privilegiert konstatiert:

> „Das Menschengeschlecht steht jetzt auf einer Stufe der Kultur, von welcher es sich
> nur durch Ausbildung des Individuums höher emporschwingen kann, und daher sind
> alle Einrichtungen, die diese Ausbildung hindern und die Menschen mehr in Massen
> zusammendrängen, jetzt schädlicher als jemals.“ (Humboldt in Berglar 1985: 57)

Die Problematik, die sich aus dem klassizistischen Bildungsbegriff von Kant,
Humboldt, Fichte und Schleiermacher ergibt, liegt dabei allerdings genau darin
begründet, dass sich die Verlagerung von Bildung in das Individuum hinein,
nicht mit der Entwicklung eines politischen Bewusstseins verträgt.

> „Wenn Herder, Schiller, Humboldt und Schleiermacher auf der ihrer Periode ange-
> messenen Verinnerlichung insistieren, hat das realistische Ingenium von Hegel und
> Goethe tiefer gesehen als die individualistischen Denker, deren Kult des Individu-
> ums auf das Ende substantieller Bildung und eben damit auf die Abschaffung des
> Individuums hinausläuft. Jene beiden haben gewußt, daß der Weg der Bildung einer
> der Entäußerung ist; man könnte auch schlicht sagen: einer der Erfahrung.“
> (Horkheimer 1985: 415)

Adorno betont dabei ebenso wie Horkheimer, die Bedeutung der Fähigkeit zu
Erfahrung auf dem Weg zu Mündigkeit des Einzelnen und dem Ziel der daraus
resultierenden Entbarbarisierung der Gesellschaft. (vgl. Adorno 1982; Horkheimer 1985)
     Das Bologna-Projekt kann in seiner Radikalität letztlich nur unter Berück-
sichtig der über 200-jährigen europäischen Universitätsgeschichte begriffen
werden. Nach der preußischen Bildungs- und Universitätsreform, die ihre Wirkung nicht ausschließlich auf die preußische Kulturnation, sondern ebenso auf
die europäische Universität insgesamt entfaltete, ist das Bologna-Projekt somit,
nach etwa 200 Jahren, die zweite große Reform zur Umgestaltung und Neuordnung der europäischen Hochschulen. Dabei geht das Projekt weit über die Grenzen der Europäischen Union hinaus und kann als echtes europäisches Projekt
bezeichnet werden.

Die tabellarisch dargestellte, komparative Analyse der diskutierten Bildungsbegriffe findet hier unter Berücksichtigung der konkreten Ausgestaltung der Forderungen und Ziele des Bologna-Projekts statt. Das Bologna-Projekt selbst ist durch grobe Zielvorgaben und weit gefasste Grundsatzdefinitionen gekennzeichnet. Doch die nationale Umsetzung erfolgt, zumindest in Deutschland, weitaus definierter und regulierter als in den zentralen Papieren zum Bologna-Projekt empfohlen. Die Überreste des preußischen Verwaltungsgeistes treten hierzulande, in die Form des in dieser Tradition agierenden deutschen Beamtentums, auch in der gegenwärtigen Hochschulentwicklung auf den Plan. Bei der vergleichenden Analyse der drei diskutierten Bildungsbegriffe werden unter der Spalte zum Bologna-Projekt somit ergänzend zu den Bologna-Grundsätzen außerdem die auf Deutschland bezogenen, konkreten Umsetzungen und Ausgestaltungen der Zielvorgaben berücksichtigt.

Tabelle 2:   Komparative Analyse der Bildungsbegriffe in drei Stationen

	Romantizismus	**Kritische Theorie**	**Bologna**
Bildungsziel (allgemein)	Vernunftgeleitete Entwicklung der Persönlichkeit	Mündigkeit	Employability
Voraussetzung für Bildung	Gymnasiale Vorbildung	Erfahrungsfähigkeit	Hochschulzugangsberechtigung
„Preis" für Bildung	Zugehörigkeit zu privilegiertem Stand	Intellektuelle Anstrengung	Akkumulation von Creditpoints und Workload
Verhältnis von Universität und Staat	Finanzielle und inhaltliche Autonomie	Zusammenarbeit im Hinblick auf Antifaschismus	Institutionell-strukturelle Zusammenarbeit
Verhältnis von Studierenden und Lehrenden	Gemeinsames Forschen	Gemeinsame Arbeit am Gegenstand	Abgrenzung zwischen Statusgruppen
Verhältnis von Forschung und Lehre	Einheit von Forschung und Lehre	Einheit von Forschung und Lehre	Trennung von Forschung und Lehre
Verhältnis von Universität und Wirtschaft	Autonomie	Autonomie	Zusammenarbeit im Hinblick auf Wettbewerbsfähigkeit
Verhältnis zu Akademien	Intellektueller Austausch	Intellektueller Austausch	Keine Interdependenzen

3. Methodischer Rahmen

Das Ziel dieses Forschungsprojektes ist die Erkundung der Meinungen und tiefererliegenden Einstellungen von Studierenden alter und modularisierter Studiengänge im Bereich von Bildung und Hochschulstudium. Es ist dabei vor allem von Interesse, welche Deutungs- und Legitimationsmuster von Studienstrategien heute in bestimmten Gruppen der Studierendenschaft konsensfähig sind. Dabei dient das Gruppendiskussionsverfahren[82] als „[...] Instrument zur Einstellungserhebung [...], da die individuelle Meinung in der Gruppendiskussion durch die gegenseitige Stimulierung deutlicher zum Vorschein kommt als bei standardisierten Interviews [...] (Lamnek 2005: 414)". Es wird ein Gruppenprozess initiiert, bei dem Informationen über die inhaltlichen Ergebnisse zum Thema sowie die Genese des Gruppenprozesses und der kollektiven Legitimations-, Deutungs- und Handlungsmuster von Interesse sind. Erst in einer realitätsnahen Diskussion können die Meinungen der Teilnehmenden durch die Auseinandersetzung mit anderen entstehen. Die Gruppensituation ist dem Alltag dabei ähnlicher als eine Einzelbefragung und somit eher zur Herstellung von Authentizität im Gesprächsverhalten der Teilnehmenden geeignet. Im Gegensatz zur standardisierten Einzelbefragung werden hier die Gesprächspartner als Subjekte akzeptiert und somit ist die Wahrscheinlichkeit höher, realistische Informationen zu erhalten. (vgl. ebd.: 423)

---

[82] In der Literatur zu dieser sozialwissenschaftlichen Methode werden die Begriffe Gruppengespräch, Kollektivinterview und Gruppenexperiment zum Begriff der Gruppendiskussion synonym verwendet. Die Gruppendiskussion kann zwar als eine Form des Gruppeninterviews gelten, wird jedoch im Folgenden in Anlehnung an Lewin, Pollock, Mangold, Loos/Schäffer und Lamnek von der Gruppendiskussion die Rede sein. (vgl. Lamnek 2005; Lewin 1936; Loos/Schäffer 2001; Mangold 1973 und Pollock 1955)

3.1 Gruppendiskussionsverfahren und Szenariotechnik

Das methodische Instrument der Gruppendiskussion wird hier in sozialwissenschaftlicher Tradition und somit in seiner ermittelnden Version verwendet[83]. „Man kann die Gruppendiskussion als Gespräch einer Gruppe von Untersuchungspersonen zu einem bestimmten Thema unter Laborbedingungen auffassen." (Lamnek 2005: 413) Dabei interessieren in diesem Forschungsprojekt sowohl die individuellen Meinungen und Einstellungen als auch Gruppenprozesse sowie Ansichten und normative Deutungsmuster, die in der Gruppe kollektiv konsensfähig sind. Ebenso ist die Gruppendiskussion „besonders hilfreich bei der qualitativen Untersuchung von Motivationsstrukturen (ebd.: 414)", die in dieser Arbeit zur Erfassung der individuellen Studienstrategien der Studierenden von Bedeutung sind. Die Gruppendiskussion zeigt kollektive Orientierungen auf und bettet die individuellen Orientierungen in kollektive Zusammenhänge ein (vgl. Neckel/Dröge/Somm 2004 in Berger: 149; Loos/Schäffer 2001: 11) Die Orientierungen individueller und kollektiver Art werden insofern deutlich, da durch die Dynamik von Argument und Gegenargument in der Gruppe der Druck zur Begründung der eigenen Position erzeugt wird.

Die Gruppenmitglieder sollen über strukturidentische Hintergründe, also über Erfahrungen in einem gemeinsamen Tätigkeitsfeld, beziehungsweise ein ähnliches „Weltbild" verfügen, damit eine ergiebige Diskussion zustande kommen kann. (vgl. Loos/Schäffer 2001: 43)

Die Gruppe wird bei Verwendung der Szenariotechnik mit einem konstanten Grundreiz, dem Szenario, angesprochen. Den Diskussionsteilnehmenden wird dabei die Gestalt der Leserjury einer universitätsinternen Zeitschrift gegeben, die in einem kommunikativen Aushandlungsprozess gemeinsam entscheiden soll, welcher der fünf zur Auswahl stehenden Kandidaten auf dem Titelblatt der Ausgabe zum Thema „Erfolgreich Studieren" vorgestellt wird. Mit den Szenariokandidaten werden unterschiedliche Muster einer erfolgreichen Studienpraxis (Dauer und Ziel des Studiums) sowie unterschiedliche Studienstrukturen (alte und neue Studiengänge) dargestellt. Die Aufgabe der Gruppe ist die Bewertung der unterschiedlichen Erfolgsmuster und damit verbundenen Vorstellungen

---

[83] Bei der Gruppendiskussion handelt es sich um eine verhältnismäßig junge Methode der qualitativen Sozialforschung, die ursprünglich zur Kritik an der standardisierten Einzelbefragung entwickelt wurde. In den USA wurde diese Methode bereits in den 1930er Jahren bei Kleingruppenexperimenten in der Sozialpsychologie und später in der Markt- und Meinungsforschung eingesetzt. (vgl. Lewin 1936; Mangold 1973). In Deutschland fand die Gruppendiskussion erstmalig mit Friedrich Pollock am Institut für Sozialforschung in Frankfurt, zur Analyse des Politikbewusstseins der Deutschen nach der Shoah Anwendung. (vgl. Pollock 1955) In den 1970er Jahren erlebte die Gruppendiskussion in Deutschland mit der Arbeitsgruppe Bielefelder Soziologen, Mucchielli und in einer interaktionistischen Variante mit Nießen ihre Renaissance. (vgl. Mucchielli 1972; Nießen 1977)

von Bildung und Studienstrategien. Über die Verteilung öffentlicher Anerkennung zielt die Aufgabe auf die Bewertung des sozialen Erfolgs. So lässt sich ermitteln, welche Kriterien sich nach den Ansichten der Teilnehmenden zur Rechtfertigung eines höheren Status eignen. (vgl. Neckel/Dröge Somm in Berger 2004: 149)
Die skizzierten Kandidaten repräsentieren ein kontrastreiches und umfangreiches Spektrum an Mustern für ein Studium, Studienstrategien, Bildungsbegriffen und potentiellen Erfolg. Die Charakterisierungen sind absichtlich uneindeutig, komplex und nondirektiv gehalten, damit unterschiedliche Deutungen zugelassen und eine kontroverse Diskussion ermöglicht werden kann. (vgl. ebd.)
Das Kandidatenportrait enthält, kurz gefasst, folgende Charakterisierung:

▪ Peter, 26 Jahre, 12. Semester Sozialwissenschaften (alte StO), interdisziplinäres Interesse, Nebenjob an Tankstelle, Ziel: Abschluss in zwei Semestern
▪ Marc, 22 Jahre, 6. Semester Bachelor Social Sciences, schreibt an Thesis, finanzielle Unterstützung durch Eltern, Ziele: Masterstudium und Doktorarbeit
▪ Uwe, 32 Jahre, 14. Semester Sozialwissenschaften (Teilzeit), Abitur auf zweiten Bildungsweg, Ausbildung zum Eisenbahner, Nebenjob im Hochschulrechenzentrum
▪ Karsten, 28 Jahre, 4. Semester Bachelor Social Sciences, interdisziplinäres Interesse, Besuch von Sprachkursen, nach Abitur gejobbt, Ziele: Abschluss in vier Semestern, mit Ausbildung auf den Arbeitsmarkt
▪ Michael, 24 Jahre, 8. Semester Sozialwissenschaften (alte StO), finanzielle Unterstützung durch Eltern, Ziele: Abschluss in einem Semester, Promotion als zusätzliche Arbeitsmarktqualifikation

Die Teilnehmenden sollen die Diskussion selbst strukturieren. Die Diskussionsleitung hält sich weitestgehend mit Äußerungen zurück und stellt lediglich in Phasen längerer Pausen oder unklarer Redebeiträge Nachfragen.

„Bei der Erhebung von Gruppendiskussionen sind folglich alle Anstrengungen darauf zu richten, dass sich zunächst ein sog. selbstläufiger Diskurs entwickelt, d.h. einer, in dem die Gruppe sich ihres Relevanzsystems (und d.h. ihrer kollektiven Erfahrungen) in Erzählungen und Beschreibungen versichert und nicht die Relevanzen des/der Interviewenden bearbeitet. Erst im späteren Nachfrageteil sollten zunächst immanente Nachfragen gestellt werden und erst zum Schluss der Diskussion solche exmanenten Charakters." (Bohnsack/ Marotzki/ Meuser 2006: 76)

Es wurde zudem ein Interviewleitfaden für den feldspezifischen Teil der Gruppendiskussionen konzipiert. Dieser Interviewleitfaden konnte aufgrund der umfangreichen Diskussionen und der daraus folgenden, mangelnden Zeitkapazitäten allerdings lediglich bis zur ersten Frage Verwendung finden und musste damit, entgegen der Forderung nach Flexibilität, doch eher als Drehbuch fungieren.

3.2 Auswertung der Gruppendiskussionen

Die Auswertung der Gruppendiskussionen erfolgt mit der dokumentarischen Methode in Anlehnung an Bohnsack. Dabei sind mehrere Arbeitsschritte erforderlich.

Zunächst erfolgt die *formulierende Interpretation* der transkribierten Gruppendiskussionen. Dabei werden die Diskussionen in ihrem thematischen Verlauf sowie in ihrer thematischen Feingliederung reformuliert. (vgl. Bohnsack in Hug 2001: 325) Neben Zeilenangaben, Zwischenüberschriften und den RednerInnen wird zudem die Diskursorganisation notiert. (vgl. Bohnsack/ Nohl in Bohnsack/ Nentwig-Gesemann/ Nohl 2007: 305f)

In einem zweiten Schritt erfolgt mit der Rekonstruktion der Diskursorganisation die Analyse des allgemeinen Charakters der beiden Kollektive. Es wird nach der Existenz eines Wir-Gefühls in der Gruppe sowie nach weiteren Gruppendynamiken gefragt. Koalitionen, Hierarchien und Oppositionen werden, sofern sie vorzufinden sind, herausgearbeitet. Es wird festgehalten, wie sich das Gesprächsverhalten der Diskussionsteilnehmenden im Hinblick auf die Mitdiskutierenden und die Diskussionsleitung gestaltet. Außerdem wird die Häufigkeit und Länge der einzelnen Redebeiträge bestimmt. Anschließend wird der Umgang der Gruppe mit der Bewertungsaufgabe und dem Szenario sowie mit dem Entscheidungsfindungsprozess betrachtet. (vgl. Bohnsack/Schäffer in Bohnsack 2007: 309)

Abschließend werden mit dem Arbeitsschritt der *reflektierenden Interpretation* aus dem Material der beiden Gruppendiskussionen die Verwendung der formalen Kriterien für ein erfolgreiches Studium und die Relevanz eines Bildungsbegriffs sowie damit verbundener Studienstrategien interpretativ rekonstruiert. Mithilfe von Sequenzanalysen erfolgt die Interpretation ausgewählter Textpassagen unter Berücksichtigung ihres Übergangs zu vorangegangenen und nachfolgenden Textstellen. Dabei wird jeder Sprechakt unter Bezugnahme auf die vorausgegangenen Beiträge gedeutet, ohne dass die nachfolgenden Passagen berücksichtigt werden. In weiteren Sequenzanalysen wird schließlich ersichtlich, welche Deutungen konsistent bleiben und welche im Verlauf der Diskussion aufgegeben werden. Die kommunikativen Aushandlungsprozesse in beiden Gruppen ermöglichen Aussagen darüber, inwiefern Bildungsbegriffe und Studienstrategien einen Einfluss auf die Vorstellung von Erfolg im Studierendenmilieu nehmen.

Der Frage, ob sich diesbezüglich Unterschiede je nach eigener Studienstruktur feststellen lassen, wird sich schließlich mithilfe einer *komparativen Analyse* der beiden Gruppendiskussionen gewidmet. Es geht dabei allgemein um die Frage, inwiefern trotz der „[...] Variationen oder Modifikationen von Erfahrungsräumen hindurch bzw. in der Überlagerung durch andere Dimensionen oder Erfahrungsräume, [die herausgearbeiteten Deutungen und Positionen] auf einer abstrakten Ebene als Gemeinsamkeit identifizierbar bleib[en] [...] (Bohnsack in Hug 2001: 328)".

3.2 Auswahl der Untersuchungsgruppen

Zur Analyse der Fragestellungen sind im Rahmen des Forschungsprojektes zwei Untersuchungsgruppen, getrennt voneinander, in die Diskussion getreten. Eine Gruppe besteht aus sechs *Studierenden der Sozialwissenschaften im modularisierten Bachelorstudiengang Social Sciences* (Gruppe I). Eine weitere Gruppe besteht aus sechs *Studierenden der Sozialwissenschaften mit alter Studienordnung* in den sozialwissenschaftlichen *Diplom- und Magisterstudiengängen* (Gruppe II). Die Studierenden beider Gruppe haben jeweils ein durch ihre Studien- oder Modulordnung konstituiertes, gemeinsam geteiltes Bezugssystem.

Es handelt sich demnach bei beiden Gruppen um Realgruppen, die auch außerhalb des Forschungsprojektes als Gruppen existieren und von der Diskussion des Diskussionsgegenstandes unabhängig betroffen sind. Da weder Leistungsverhalten, noch Machtbildungsprozesse beobachtet werden sollen, erübrigt sich die Bildung (künstlich) heterogener Gruppen. Außerdem wird so „die Affinität zwischen Diskussionssituation und Realsituation [verstärkt] und [...] [ein] weiter reichende[r] Transfer der Befunde in Realsituationen [ermöglicht] (Lamnek 2005: 427)". Wir haben es aufgrund der Fragestellung mit zwei in sich homogenen Gruppen zu tun, die im Vergleich jedoch sehr heterogen sind. Die Heterogenität der Gruppen ergibt sich im Vergleich auf der Grundlage ihrer unterschiedlichen Studienordnungen. Doch ist allen Diskussionsteilnehmenden insgesamt das Erleben eines sozialwissenschaftlichen Studiengangs gemeinsam, ohne dass an dieser Stelle eine gegenseitige Interpretation notwendig wäre. Sie bilden also einen gemeinsamen Erfahrungsraum. Dieser „konjunktive Erfahrungsraum" (Mannheim 1980: 227f) kann dabei noch einmal differenziert werden in den studentisch-sozialwissenschaftlichen Erfahrungsraum mit alter Studienordnung und in den studentisch-sozialwissenschaftlichen Erfahrungsraum mit neuer Studienordnung. Die Gruppenkohäsion ist jeweils gering, da die Gruppen aus einem losen Verband an Studierenden bestehen. Die Auswahl der Teilnehmenden ist nach Theoretical Sampling[84] erfolgt, es handelt sich somit um eine gezielte Auswahl.

---

[84] Theoretical Sampling bezeichnet eine systematische Stichprobe und bezieht sich auf ein Auswahlverfahren, bei dem die forschende Person die Auswahl der Untersuchungspersonen nach subjektiven Kriterien vornimmt.

4. Interpretation und komparative Analyse

4.1 Relevanz des Bildungsbegriffs in der Studierendengruppe

Damit geklärt werden kann, ob und inwiefern der Begriff der Bildung in den Bewertungs- und Deutungsmustern der Studierenden von Relevanz ist, wird untersucht, in welcher Weise die formalen Elemente dieses Begriffs zur Bewertung und Rechtfertigung der eigenen Positionen beansprucht werden.

Zunächst wird überprüft, welche Dimensionen des Bildungsbegriffs von den Diskussionsteilnehmenden angesprochen und welche Dimensionen als relevant oder irrelevant für die Bewertung von erfolgreichem Studieren erachtet werden. Dabei ist außerdem von Interesse, welche Bedeutung die DiskutantInnen der Beschäftigungsfähigkeit und dem Arbeitsmarkt in der Ergebnisdimension zuschreiben.

Anschließend wird geprüft, ob signifikante Unterschiede in der Gewichtung von Aufwands- und Ergebnisdimension bei den Teilnehmenden feststellbar sind. Am Material wird dabei rekonstruiert, welche Bedeutung in diesem Kontext den unterschiedlichen Praxen des Studierens, also den Studienstrategien, zukommt.

Außerdem wird untersucht, inwiefern normative Erwartungen eines Zusammenhangs von (Hochschul-)Bildung und Studienstrategien geäußert und welche Art von Bildung und Studienstrategien von ihnen als gesellschaftlich oder individuell legitim und honorierungswürdig angesehen werden.

4.1.1 Aufwandsdimension

Die aufwandsbezogene Interpretation ist in beiden Gruppen durch eine positive Bewertung von zeitintensiven Studienstrategien gekennzeichnet. Der Aufwand geht allerdings nicht isoliert in die Bewertung ein, sondern nur in Kombination mit dem/den anvisierten Ziel/en der Bildung und/oder Beschäftigungsfähigkeit. Dabei werden die strukturellen Bedingungen der Studienordnung mit in die Beurteilung einbezogen und es wird positiv bewertet, wenn das gewünschte Ziel trotz ungünstiger struktureller Rahmenbedingungen zu erreichen versucht wird. Das Ergebnis stellt zwar einen Teil der Bewertungskriterien dar, doch liegt der

Schwerpunkt der Bewertung in beiden Gruppen eindeutig auf dem Weg dorthin, also demzufolge auf den Studienstrategien.

Die Bedeutung der Aufwandsdimension wird in *Gruppe I* bereits zu Beginn der Diskussion deutlich, indem Stefan die Bedeutung von interdisziplinärem Interesse und Engagement betont. (vgl. Z. 90ff)

Moritz übernimmt die Argumentation und führt fort: „[I]ch denk [auch], dass es wichtig is eben sich nich nur auf sein ähm sozusagen spezifischen Fachbereich zu konzentriern, sondern eben auch ähm sich Wissen aus andren Fachbereichen anzueignen, un das möglichst eben zu verbindn und zu integriern in das was man eben letztendlich dort lernt?" (Z. 95ff)

Alice nimmt zwar eine andere Perspektive auf die Ergebnisdimension ein, zielt mit ihrer Argumentation allerdings ebenso auf die Aufwandsdimension, indem sie den Prozess der Erfahrung eines Szenariokandidaten betont: „[E]r [...] schaut [auch], was es=was es neben seinem Fach gibt, aber auch weil er ähm schon mal praktisch auf dem Arbeitsmarkt war und da die Erfahrung gemacht hat [...]." (Z. 104ff) Moritz widerspricht zwar Alices Ergebnisdimension, bestätigt durch die Betonung der „Selbstbildung", dem Sammeln von Erfahrungen", dem „interdisziplinären Interesse", der „Spezialisierung" sowie der „Integration von Erkenntnissen" allerdings die von allen Teilnehmenden geäußerte Bedeutung der Aufwandsdimension. (Z. 113ff)

Stefan kontrastiert im weiteren Diskussionsverlauf eine Studienpraxis, die „[...] zielorientiert dann für dn Arbeitsmarkt [...] (Z. 144)" im Gegensatz zum „Interesse" (Z. 145) als Handlungsmotivation, verläuft. Helge schließt an diese Argumentation an, indem er die Zeit der Studiendauer als „Reallife" (Z. 175) bezeichnet, dass man nicht dafür nutzen sollte, „[...] sich [...] in=in sechs Semestern durch[zu]büffeln, sondern nach „Interesse" (Z. 176) gestalten müsse. Er betont weiterhin, dass mit weniger „Stress" (Z. 190), also mit weniger Aufwand das gleiche Ziel erreicht werden könne, indem er konstatiert, dass das Studium so „[...] wahrscheinlich trotzdem genauso gut über die Bühne [zu] bring[en] [...] (Z. 190f)" sei. Moritz erachtet diesbezüglich unabhängig von der Ergebnisdimension auch das Ausmaß an „Freizeit" (Z. 209) als Kriterium für erfolgreiches Studieren. Stefan stellt der Ergebnisdimension des „Jobs" (Z. 228) die Aufwandsdimension der „breiten Wissenserweiterung" (Z. 233) entgegen und unterscheidet diese dabei trennscharf von „berufsorientierte Qualifikation" (Z. 228ff). Die Probanden erachten den auf die Ergebnisdimension der Arbeitsmarktqualifikation abzielenden Abschluss insgesamt als weniger wichtig, im Unterschied zu einem auf Erfahrungen abzielenden Studium nach persönlichem Interesse. Der Einsatz als solcher wird dabei höher bewertet, als der Nutzwert. Ein „Bilderbuchstudium" (Z. 294), welches Helge als systemkonform im Sinne der geforderten Arbeitsmarktqualifikation versteht, ist für ihn in den Sozialwissenschaften nicht erstrebenswert. (Z. 289ff)

Moritz präferiert insbesondere eine Studienpraxis, die sich durch eine „[…] auf Vernunft und ähm kritisches Denken […] zielende ähm Bildung […] (Z. 336)" auszeichnet. Eine zeitliche Vorgabe für das Studium wird dabei als „Zwang" (Z. 345) bewertet. Das Sich-Hinwegsetzen über strukturelle Zwänge, also die Überschreitung einer formalen Zeitangabe des Studiums, – die so genannte Regelstudienzeit –, wird dabei kollektiv als positiv für einen kritischen Bildungsprozess bewertet. Ebenso findet „ehrenamtliches Engagement" (Z. 358) in der Gruppe höhere Anerkennung als Berufsorientierung. Vor allem Alice und an manchen Stellen der Diskussion auch Leon, betonen zwar die Gleichwertigkeit der Ergebnisdimension im Hinblick auf die Qualifikation für den Arbeitsmarkt, lassen sich von den Mitdiskutierenden jedoch insofern überzeugen, beziehungsweise adaptieren die in der Gruppe kollektiv deutungsfähigen Muster der Bedeutung der systemnonkonformen Aufwandsdimension. Stefan geht diesbezüglich sogar so weit, zu fordern, dass ein Studium durch Befähigung von kritischem Denken zur „[…] Veränderung im positiven Sinne von das Ganze […] (Z. 386)", also zur Veränderung gesellschaftlicher Verhältnisse beitragen müsse. Damit zielt er zwar außerdem auf eine Ergebnisdimension ab, misst dem Umfang seiner Redebeiträge zu diesem Thema nach, jedoch dem Weg zu diesem Ziel eine größere Bedeutung bei.

Alice und Leon führen zwar an einigen Stellen, die Ergebnisdimension in die Debatte ein und versuchen für diese Postionen kollektive Anerkennung zu erhalten, doch kann durch sie keine gleichwertige Positionierung von Aufwands- und Ergebnisdimension erreicht werden. Selbst in eigener Argumentation kann die Ergebnisdimension nur schwer gehalten werden. Alice formuliert beispielsweise: „Ich denke man kann auch gut studiern und sich dabei kritisch engaschiern uns trotzdem sich dabei qualifiziern. Ich versteh nich warum Qualifizieren für n Arbeitsmarkt was Schlechtes sein soll. Un wenn man das nur macht, okay. Aber äh, es ist wichtig! Denk ich, also für mein Studium auch ein wenig relevant. Wobei ich nich sagen würd, dass ich das andere nich mach. Das mach ich sogar noch mehr, aber früher oder später?" (Z. 390) Im letzten Satz relativiert sie schließlich durch die Darstellung der eigenen, konträr zur Argumentation laufenden Studienstrategie, die gleichwertige Position von Ergebnis- und Aufwandsdimension. Leon stimmt ihr in dem argumentativen Vorhaben zu, indem er äußert: „[D]as eine schließt das andere nich unbedingt aus." (Z. 413) Mit dem Wort „unbedingt", dass hier als Vagheitsmarkierer angesehen werden kann, legt sich allerdings auch Leon nicht auf eine Gleichwertigkeit von Aufwands- und Ergebnisdimension fest.

Die Aufwandsdimension wird im Anschluss besonders von Moritz betont, indem er das Studium als „Selbstzweck" (Z. 422) positiv bewertet und dem Negativbespiel der Zweckbestimmung, die von außen erfolgt, gegenüberstellt. Durch die Formulierung vom „erfolgreichen Leben und Lernen" (Z. 455) durch Leon wird deutlich, dass die Argumentation der größeren Bedeutung von Aufwand, beziehungsweise dem Weg, im Gegensatz zum Ergebnis kollektiv deutungsfähig wird. Da das Leben grundsätzlich nicht unter einer Ergebnisperspektive betrachtet werden, sondern als Weg zwischen zwei Enden begriffen werden kann, und die Tätigkeit des Lernens diesem Thema mit der Konjunktion „und" gleichgesetzt wird, kann von der höheren Bewertung des Aufwands ausgegangen werden. Auch Alice nähert sich im Verlauf der Diskussion der kollektiven Gruppenmeinung an und vernachlässigt darüber hinaus ihre Ausgangspositionen und -deutungen. Sie kommentiert den Einigungsprozess mit folgen Worten: „Gut, wenn man das so sieht, dann würde ich >lacht< auch Peter nehmen, wenn man das Andere, die Arbeit danach, ausnimmt." (Z. 474ff) Zum Teil adaptieren Alice und Leon die Gruppenmeinung so stark, dass sich ihre Argumentation vollständig in die gegensätzliche Richtung umkehrt. So argumentiert Alice plötzlich gegen einen Szenariokandidaten, da er ihr „[...] ein wenig zu karrieregeil irgendwie [...] (Z. 279)" erscheint und Leon macht sich über die auf Fakultäten bezogene gesellschaftliche Hierarchisierung nach ökonomischen Verwertungsmaßstäben lustig, indem er den Unterschied zwischen den Sozialwissenschaften auf der einen und der Mathematik und Naturwissenschaften auf der anderen Seite und die gesellschaftlichen Legitimationskriterien anspricht: „Ah Mensch da macht der Junge aber was Solides." (Z. 543)

Die strukturellen Rahmenbedingungen für die Ausbildung eines kritischen Bildungsbegriffs und die Praxis der dafür notwendigen Studienstrategien sieht die Gruppe eher im Bereich der alten, nicht modularisierten, Studienordnung gegeben. So präferiert Stefan den Szenariokandidaten Peter auch wegen seiner Studienordnung, welche eine Studienpraxis, die losgelöst von einer festen Studiendauer und zeitlichen Begrenzung ist, zulässt: „[...] [E]s heißt ja auch nich das Peter mit den Voraussetzungen die hier steh, jetzt ürgendwie der große kritische Theoretiker is, aber ich seh bei ihm ähm die Rahmenbedingungen von allen am besten gegeben dafür." (Z. 594ff)

Im Verlauf der Diskussion werden „gewisse Eckpunkte" (Z. 641) benannt, die ein erfolgreiches Studium im Sinne der Gruppe ermöglichen sollen. Dabei wird die Ausbildung einer „kritischen Vernunft" (Z. 645) im „Mittelpunkt" verortet und der Szenariostudent Peter als „Sinnbild" und „Idealtypus" für diese Position angesehen. (vgl. Z. 650; 674) Mit der Auswahl von Peter will die Gruppe schließlich auch eine „generelle Kritik" (Z. 687) an den Rahmenbedingungen, die eine auf die Aufwandsdimension zuungunsten der Ergebnisdimension zielende geringere Bewertung der Arbeitsmarktbefähigung meint, vornehmen. Vor der Abstimmung, die zugunsten des Sezanriostudenten Peter ausfällt, wird von Moritz noch kritisch angeführt, dass es schließlich „[…] kein Richtigen im Falschen […] (Z. 723)" geben könne. Dieses umgedeutete Zitat Adornos aus der *Minima moralia* deutet darauf hin, dass die Ausbildung eines Bildungsbegriffs und die Praxis der dafür notwendigen Studienstrategien im Sinne der Gruppe, in einem Studium, das stärker reglementiert ist, schließlich nicht als möglich angesehen wird und deshalb die Entscheidung nicht auf einen Szenariostudenten mit neuer Studienordnung fallen kann.

Die Bedeutung der Aufwandsdimension in *Gruppe II* wird ebenfalls bereits zu Beginn der Diskussion deutlich, da Melanie direkt die Dauer des Studiums dem Ergebnis des Abschlusses gegenüberstellt. (vgl. Z. 89ff) Marek plädiert in seinem ersten Redebeitrag darauf folgend dafür, die „Semesterzahl" nicht als Kriterium für „Qualität" im Sinne des Bildungsbegriffs der Gruppe zu bewerten. (vgl. Z. 112ff) Melanie will den Szenariostudenten Marc, der sich vor allem durch ein Studium innerhalb der so genannten Regelstudienzeit auszeichnet, schließlich direkt von der Nomination ausschließen. (vgl. 120ff) Sie plädiert für Karsten, da er „[…] noch andere Veranstaltungn an anderen Fachbereichen besucht hat, noch Fremdsprachenkurse besucht […] (Z. 123f)" und diese Studienstrategie mit ihrer Vorstellung von Bildung eher übereinkommt. Doris kann sich, wie Marek und Melanie, ebenfalls sofort mit diesem „weiteren Bildungsbegriff" (Z. 129) identifizieren. Tim äußert sogar explizit Kritik an dem auf die Ergebnisdimension ausgerichteten Szenario, indem er konstatiert: „Was mich so n bisschen stört, dass das überall dransteht, was die Person vorhat, was sie plant, was sie will, dass heißt aber nicht, dass sie es jemals erreichen wird […]." (Z. 133ff) Er betont, dass die Dauer des Studiums und der Zeitpunkt des Abschlusses für ihn kein Qualitätskriterium darstellt. (vgl. 136ff) Maik betont hingegen vor allem die Wichtigkeit von Erfahrungen im Gegensatz zu einer kurzen Studiendauer. (vgl. 147)

Die Gruppenmeinung zeichnet sich schon früh durch einen „umfassenden Bildungsbegriff" (Z. 155) aus. Dem steht der straffe Zeitplan von neuen Studiengängen gegenüber, die mit „Ausbildung" (Z. 195) gleichgesetzt und mit dem Bildungsbegriff der Gruppe nicht in Übereinstimmung zu bringen seien. Eine Studienstrategie, die auf „[…] bessere Chancen auf dem Arbeitsmarkt [..] [und einen] Geldwert nen Vorteil […] (Z. 222ff)" abzielt wird als das Subjekt fremdbestimmend und ablehnenswert erachtet. An mehreren Stellen der Diskussion wird die Ergebnisorientierung im Sinne eines Abschlusses allerdings auch zuungunsten einer umfassenden Bildung, die in ihrem Prozesscharakter begriffen wird, abgelehnt. (vgl. Z. 245) Michel und Melanie vertreten diese Position streckenweise (vgl. 240ff) und eröffnen für die Gruppe damit die Option, die neuen

Studiengänge im Hinblick auf die Nomination eines Kandidaten nicht unberücksichtigt zu lassen. So kommt der Szenariokandidat Karsten, der zwar nach neuer Studienordnung, allerdings nicht dem zeitlichen Studienablauf entsprechend konform, sondern länger und interdisziplinär orientiert, studiert, weiter in die engere Auswahl. Lediglich Doris hält bis zum Ende der Diskussion die Position aufrecht, dass ein Studium nach neuer Studienordnung für sie kein erfolgreiches Studieren ermöglichen könne. (vgl. 292f, 749ff, 873f, 1021f) Hochschulbildung nach einem kanonisierten Leitbild, also in Form von „vorgegebene[r] Studienordnung" (Z. 295f) wird von der Gruppe abgelehnt. „Freiheit" und „Selbstständigkeit" werden aus Teil der Aufwandsdimension von der Gruppe höher bewertet als ein Studium im Sinne einer fremdbestimmten „Ausbildung". (vgl. Z. 321) Dennoch verdeutlichen die DiskutantInnen mit ihrer Entscheidung für Karsten, die Vorstellung von der Möglichkeit einer Versöhnung ihres Bildungsbegriffs mit der neuen Studienordnung durch eine nonkonforme Studienstrategie. Die Gruppe geht sogar soweit, ihr Ideal einer umfassenden Bildung von der Studienordnung, also den strukturellen Rahmenbedingungen abzukoppeln und dieses vollständig mit der Studienpraxis einzelner Studierender, also spezifischen Studienstrategien zu verknüpfen. (vgl. Z. 348)

Die Ergebnisdimension ist zwar regelmäßig Thema der Diskussion, doch sie kann sich nicht als kollektives Deutungsmuster durchsetzen. So argumentiert Marek beispielsweise: „[…] [I]ch finde das nicht so entscheidend was danach kommt, sondern ähm ich würde sagen, […] das geht ja um erfolgreich Studieren […], beziehungsweise wir müssen glaub ich gucken was innerhalb von diesem Studium drinsteckt und nicht was dann danach kommt." (Z. 381ff) Die Aufwandsdimension des Aneignungsprozesses mit der Zielvorstellung eines „allgemeinen Überblicks" (Z. 394) wird hiernach höher bewertet, als die Ergebnisdimension des „Arbeitsaspekts" (Z. 396).

Tim argumentiert anschließend mit dem Zusammenhang von Lebensgestaltung und dem Einfluss eines Bildungsbegriffs. Mit dem Begriff des Lebens drückt sich auch in der Gruppe II der aufwandsbezogene Schwerpunkt aus, das Leben an sich nicht als Zielperspektive angesehen werden kann. (vgl. Z. 401ff) Durch die Abkehr von „[…] der ähm Perspektive der Ökonomie […] (Z. 421) verdeutlicht in der Mitte der Diskussion auch Michel die Bedeutung des Prozesscharakters von Bildung im Gegensatz zu ergebnisorientierter Arbeitsmarktqualifikation. Er spielt auf den Prozesscharakter und das Veränderungspotential von Bildung an, indem er formuliert: „[…] [D] as äh dass ich anders aus dieser Institution herausgehe als ich rein kam ganz allgemein gesagt." (Z. 425f) Bildung wird nicht als statischer Zustand begriffen, sondern es geht der Gruppe um „Bildungseffekte" (Z. 434), die sich aus studienstrategisch-spezifischem, von Interesse geleitetem Handeln ergeben. (vgl. Z. 442f) Dabei wird der Zeitfaktor von

der Gruppe insofern berücksichtigt, dass Zeit im Studium vor allem in ausrei-
chendem Umfang für Reflexionsprozesse vorhanden sein müsse. (vgl. Z. 479).
   Der Erwerb von „Qualifikationen" im Sinne von „Zukunfts- und Arbeitsmarktorientierung" hingegen wird höchstens aufgrund von „Konkurrenzdruck"
nachvollziehbar, jedoch nicht als intrinsische Motivation von Studierenden begriffen. (vgl. Z. 485) Da „Eigenständigkeit" und „Selbstständigkeit" allerdings
deutlich höher bewertet werden, kann auch diese Erläuterung der Motivation für
spezifische ergebnisorientierte Studienstrategien nicht zur Aufwertung eines
systemkonformen Studiums nach neuer Studienordnung angesehen werden. (vgl.
Z. 509ff) Zeitmangel im Studium wird von der Gruppe in jedem Fall als „Problem" (Z. 520) gedeutet. Da die Gruppe ihre Vorstellung von Bildung und die
damit verbundenen Studienstrategien von der formalen Studienstruktur abgekop-
pelt hat, kann sich der Verfahrensvorschlag, zwei Kandidaten mit unterschiedlicher Studienordnung zu nominieren, schließlich auch lange in der Diskussion als
Entscheidungsoption halten. (vgl. Z. 527ff)
Melanie widerspricht an zwei Stellen gegen Ende der Diskussion noch einmal
der Gruppe, sowie ihrer Anfangsposition, indem sie Marc als Ideal für den Bachelorstudiengang nominieren will und damit die Ergebnisdimension vor die
Aufwandsdimension stellt. (vgl. Z. 566ff) Doch dieses Vorhaben erweist sich
nicht als kollektives Bewertungsmuster. (Z. 582ff) Sogar Michel, Melanies an-
fänglicher Koalitionspartner in der Frage der Studiendauer und Ergebnisorientierung spricht sich gegen Marc als „[…] Paradebeispiel für den neuen Studiengang
[…] (Z. 635)" aus.
   Im Sinne der Aufwandsdimension wird das „Herausbrechen" aus Vorgaben
der zeitlichen Beschränkung der Studiendauer sowie das Überwinden von strukturellen und individuellen „Hürden" positiv bewertet. (vgl. Z. 682ff) Bildung
wird mit allgemein gültigen gesellschaftlichen Vorstellungen und Erwartungen
kontrastiert, indem das „Durchbrechen von Stereotypen" geradezu zur Voraussetzung für nach der Gruppenvorstellung gelingende Bildungsprozesse stilisiert
wird. (vgl. Z. 691ff). So bezeichnet Tim die Präferenz für den
Szenariokandidaten als Ergebnis seiner „Zwitterhaftigkeit". (vgl. Z. 733) Damit
spielt er auf die wünschenswerte Inkongruenz von formaler Studienstruktur und
individueller Studienstrategie im Bereich der neuen Studiengänge an. In diesem
Zusammenhang wird die Studienstrategie im Sinne eines umfassenden Bildungsbegriffs, der sich durch Freiheit, Erfahrungen, Zeit und Reflexion auszeichnet, höher bewertet als die Ergebnisdimension des Abschlusses, da sie „[…]
trotz der breiten Fächerung als Ausbildung […] (Z. 738f)" möglich ist.
   Die Gruppe entscheidet sich demnach allerdings bewusst für einen
Sezanriokandidaten mit neuer Studienordnung und verdeutlicht damit ihre Ansicht der Möglichkeitsoffenheit von Studienstrategien außerhalb formaler Struk-

turen. (vgl. Z. 883ff) Der Szenariokandidat Karsten kristallisiert sich als der „Kollektivkonsensf ä h i g s t e" (Z. 977) heraus und soll die von der Gruppe artikulierte Kritik an der Reglementierung der neuen Studiengänge transportieren. (vgl. 978ff)

4.1.2 Ergebnisdimension

In der ergebnisbetonten Interpretation stellt der Deutungshorizont von Erfolg die gesellschaftliche Nützlichkeit dar. Diese ergebnisbetonte Interpretation, ist zwar in beiden Gruppen stellenweise vertreten, kann sich allerdings in keiner der beiden Gruppen als kollektiver Bewertungsmaßstab etablieren. Lediglich Bildung im egalitären Sinne der beiden Gruppen kann als ein erstrebenswertes Ergebnis von einzelnen Bildungsprozeesen und -effekten angesehen werden und ist kollektiv unter Berücksichtigung der Ergebnisdimension deutungsfähig.

In *Gruppe I* kann durch die ungefragte Benennung des geplanten Abschlusszeitpunktes durch fast alle Teilnehmenden in der Vorstellungsrunde zunächst eine ergebnisorientierte Perspektive festgestellt werden. (vgl. Z. 54ff) Doch bei der Diskussion um die Szenariokandidaten und den damit einhergehenden feldspezifischen Kommentaren spielen die Studiendauer und der Abschlusszeitpunkt nur eine untergeordnete und kollektiv nicht konsensfähige Rolle. Es wird bereits zu Beginn der Diskussion die Abkoppelung der „Verwertungsinteressen" von „Bildung" und „Erfahrungen" gefordert. (vgl. Z. 133) Eine ergebnisorientierte Studienstrategie wird als bildungsferner Versuch, „[…] seine Ware Arbeitskraft aufzupolieren […] (Z. 142)" diskreditiert und die „Berufsorientierung" als Gegenpol zu „breiter Bildung" konstatiert. (vgl. Z. 228ff)

Erfolgreiches Studieren wird in der Gruppe nur im Hinblick auf Studienstrategien kollektiv deutungsfähig, wenn es mit dem Ziel von „Bildung" im Sinne von „Vernunft" und „kritischem Denken" erfolgt. Ein gesellschaftlich anerkanntes „Bilderbuchstudium" mit kurzer Studiendauer und zügigem Abschluss findet in der Gruppe keine kollektive Anerkennung. (vgl. Z. 294ff) Die Zielperspektive von Bildung müsse auf die Befähigung zu „kritischem Denken" statt auf die „Reproduktion des Bestehenden" gerichtet werden. (vgl. Z. 379ff) Studieren als zweckrationales Handeln, mit dem Ziel des Abschlusses, also einem Ziel das vom gesellschaftlichen Außen bereits vorgegeben ist, damit eine möglichst effektive Integration in das gesellschaftliche Konstrukt erfolgen kann, wird von der Gruppe kategorisch abgelehnt, indem Studieren zum „Selbstzweck" präferiert wird. (vgl. 418ff) Dabei werden Bildungsprozesse allerdings nicht als etwas verstanden, das außerhalb von Gesellschaft, in das Individuum hineinverlagert, stattfindet, sondern ein in den „gesamtgesellschaftlichen Kontext" eingelassenes

Handeln, das ein Zurückfallen in die „Barbarei" verunmöglichen soll. (vgl. Z. 443ff)

Da nach dem Ende des Studiums die „Lohnarbeit" (Z. 463) warte, erachtet die Gruppe eine kurze Studiendauer in keinem Fall als wünschenswert und deutet Erfolg deutlich anders, als dies aus einer arbeitsmarktorientierten und gesellschaftswissenschaftlich-unkritischen Perspektive der Fall wäre. Mit der Umdeutung des Erfolgsbegriffs zugunsten von einzelnen, den lebenslangen Bildungsprozess betreffenden, Etappenzielen im Sinne von Vernunft, Kritik und Gesellschaftsanalyse, die über das Bestehende hinausweist, werden hier der gegenwärtigen Gesellschaftsordnung widersprechende Prinzipien zu den primären Kriterien für die Definition eines erfolgreichen Studiums.

In *Gruppe II* kann ebenfalls zunächst eine ergebnisorientierte Perspektive im Hinblick auf die Studiendauer und das Lebensalter im Zusammenhang mit einem Studienabschluss als Kriterien für erfolgreiches Studieren unterstellt werden. Auch die ProbandInnen dieser Gruppe äußern in der Vorstellungsrunde ungefragt ihr Semester, ihr Alter und zwei Diskutanten zudem den relativ unmittelbar bevorstehenden Abschluss. Direkt im ersten Redebeitrag wirft Melanie die Frage nach der Wichtigkeit einer kurzen Studiendauer auf, indem sie artikuliert: „Verstehen wir darunter, dass man möglichst SCHNELL durchkommt? und seinen Abschluss bekommt? [...]" (Z. 89f) Indem Michel an dieses Thema mit einer Rechtfertigung für eine längere Studiendauer anschließt, kann die Frage zunächst weiter bestehen bleiben: „[...] [O]b man länger braucht weil man äh noch nebenbei arbeiten muss, oder ob man das Studium finanziert bekommt von den Eltern und deshalb auch ne kürzere Semesterzahl hat." (Z. 108ff)

Mit dem dritten Redebeitrag und der kontrastierenden Darstellung von Marek bezüglich der, mit einer längeren Studiendauer im Zusammenhang stehenden, Qualität eines Studiums im Gegensatz zu Quantität, beginnt sich diese Position jedoch als nicht kollektiv konsensfähig herauszustellen. (vgl. Z. 112ff) Melanie, welche die Frage zuerst aufgeworfen hat, reagiert nach Mareks Redebeitrag auch unmittelbar mit dem Vorschlag, den Seznariostudenten Marc aus der Liste potentieller Präferenzkandidaten herauszunehmen. (vgl. Z. 119ff) Auch Doris kann sich für diesen Vorschlag begeistern und hält diese Position bis zum Ende der Diskussion durch.

Die Ergebnisdimension verliert bereits zu Beginn der Diskussion rapide an Bedeutung und weicht zugunsten der Aufwandsdimension, welche für die Studienpraxis als prozesshaften Weg zu einem „weiteren Bildungsbegriff" (Z. 129) steht und zu einem in der Gruppe kollektiv anerkannten Deutungsmuster wird. Die Betonung der Ziel-, beziehungsweise Ergebnisvorstellungen seitens der Seznariostudenten werden von Tim schließlich explizit kritisiert: „[D]ass sie es jemals erreichen wird, [...] dass weiß ich ja nicht, dass ist für mich kein Kriterium in dm Moment, ob er dadurch besser ist, oder schlechter [...]." (Z. 134ff) „Finanzielle Aspekte" und „geldwerte Vorteile" auf dem Arbeitsmarkt werden als Resultat aus einem ergebnis- und arbeitsmarktorientierten Studium geringer als wissenschaftliches Interesse bewertet, das zunächst einmal kein unmittelbares Ziel, außer vielleicht abstrakter Erkenntnis, verfolgt. (vgl. Z. 221ff) Der von der Gruppe definierte „Bildungsbegriff" wird auch in dieser Gruppe ergebnisorientiert als Ziel umgedeutet, dem es „näher zu kommen" gelte. (vgl. Z. 352 ff) Die Erziehung zum „mündige Bürger" wird dabei im Gegensatz zu einem „Abschluss" als „Bildung" definiert. (vgl. Z. 423ff) Dem Prozess von Bildung als Aufenthalt und Veränderung des Subjekts in der Organisation der Universität wird kollektiv eine große Bedeutung im Sinne der Aufwandsdimension beigemessen. (vgl. Z. 428ff) Wie bereits in Gruppe I diskutiert, findet auch in Gruppe II die Praxis des Studierens als zweckrationales Handeln, im Sinne der Zielperspektive des Arbeitsmarktes, keine kollektive Anerkennung hinsichtlich der Gruppendefinition von erfolgreichem Studieren.

4.1.3 Zusammenfassung

Für beide untersuchten Studierendengruppen gilt, dass die Erwartungen an den Aufwand und das Ergebnis einer erfolgreichen Studierpraxis deutlich auseinandergehen. Die Aufwandsdimension findet in den Diskussionen gemessen an der Häufigkeit und Länge der entsprechenden Redebeiträge wesentlich mehr Berücksichtigung als die Ergebnisdimension. Durch die Auswahl von je einem Szenariostudenten mit einer Studiendauer, die über die Regelstudienzeit hinausreicht, kann konstatiert werden, das die Studiendauer und das damit verbundene Ergebnis des Abschlusses nicht als wichtiges Kriterium für erfolgreiches Studieren angesehen wird. Die ProbandInnen deuten vielmehr den Begriff des Erfolges in dem Sinne ihrer egalitären Vorstellung von Bildung um und setzen sich von gesellschaftlich legitimierten, normativen Erwartungen an Studierende und deren Studienpraxis ab.

Im Vergleich der beiden Gruppen fällt auf, dass sowohl die Studierenden mit neuer Studienordnung, als auch die Studierenden mit alter Studienordnung von der Idee eines generell vom Arbeitsmarkt und damit verbundenen Verwertungsprinzipien von Wissen, unabhängigen Bildungsbegriffs geleitet sind. Die Studierenden der alten Studiengänge drücken dies mehrheitlich zusätzlich mit ihrer eigenen Studienbiographie aus, während die Studierenden der neuen Studiengänge, ob ihres jungen Alters und der geringen Semesterzahl dazu bislang noch keine Gelegenheit hatten. Doch diese sprechen sich durch die Nomination des Szenariostundenten Peter letztlich für ein ihnen fremdes und von ihnen zugleich präferiertes Modell eines weniger reglementierten und die Studienstrategien vorstrukturierendes Studiums aus.

Die Gruppe der Studierenden mit alter Studienordnung entscheiden sich mit der Nomination des Szenariostudenten Karsten hingegen für die neue Studienordnung in Verbindung mit einer, dieser formalen Struktur widersprechenden, Studienstrategie als Beispiel für ein erfolgreiches Studium.

Es fällt auf, dass in beiden Gruppendiskussionen ein Studium, welches den gegenwärtigen gesellschaftlichen Erwartungen, die sich in der neuen Studienordnung manifestiert finden, entspricht, nicht als Erfolgsmodell im Sinne der von den Studierenden präferierten Art von Bildung gelten kann. Einzelne ProbandInnen übernehmen in den Diskussionen zwar zeitweise eine ergebnisorientierte Perspektive auf das Studium (Alice und Leon in Gruppe I; Melanie und Michel in Gruppe II), doch ist dieses Bewertungsmuster für eine erfolgreiche Studienpraxis in beiden Gruppen nicht kollektiv konsensfähig und hat somit nicht bis zum Ende der Diskussionen Bestand. Die Minderheiten ändern außerdem ihre Positionen im Verlaufe der Diskussion soweit, bis ein Konsens bezüglich der Nomination eines Szenariostudenten erreicht ist.

Die Diskussionsbeiträge in beiden Gruppen befinden sich in der Regel auf einem hohen sprachlichen Niveau – eine Tatsache, die vermutlich dem Umstand zuzuschreiben ist, dass die Studierenden der Stichprobe allesamt dem sozialwissenschaftlichen Studierendenmilieu angehören und somit in der mündlichen Verbalisierung von Diskussionsbeiträgen geübt sind. Sie zeichnen sich durch einen gemeinsamen Habitus aus, der die Kommunikation der einzelnen ProbandInnen untereinander erleichtert und die Interaktionssituation quasi natürlich erscheinen lässt.

5. Fazit

Im Zentrum der Auseinandersetzung dieser Arbeit steht die Frage danach, was Bildung ausmacht. Zur Klärung dieses Begriffs wurden Studierende der Sozialwissenschaften befragt. Dabei wurde von der Hypothese ausgegangen, dass Studierende der Sozialwissenschaften durch die Mehrdimensionalität ihrer Disziplinen zwischen Bildung und Ausbildung unterscheiden und tendenziell erstere präferieren. Die erste zu klärende Teilfragestellung lautete in diesem Kontext:

1.	Wie sieht der Bildungsbegriff von Studierenden der Sozialwissenschaften aus?

Außerdem waren die Einflüsse der letzten genannten Hochschulreform auf den Bildungsbegriff und die Studienstrategien der Studierenden der Sozialwissenschaften von Interesse.

Es kann für die Stichprobe dieser Untersuchung festgehalten werden, dass Studierende der Sozialwissenschaften einen umfassenden Bildungsbegriff vertreten, der durch Vernunft, kritisches Denken, Freiheit und die Fähigkeit zu einer über das Bestehende hinausweisenden Gesellschaftsanalyse gekennzeichnet ist. Sie unterscheiden dabei Bildung im Sinne ihrer egalitären Definition, trennscharf von einem auf Beschäftigungsbefähigung und Arbeitsmarktorientierung zielenden Korsett der Ausbildung, welches sie im Bereich der Hochschulbildung lediglich im Bereich von Fachhochschulen akzeptieren.

Da sich einhergehend mit dem so genannten Bologna-Prozess, als der Vereinheitlichung des europäischen Hochschulraums, die Struktur der Studiengänge verändert hat, bestand die zweite Hypothese in der Annahme, dass sich der Bildungsbegriff und die Studienstrategien von Studierenden der Sozialwissenschaften mit der Modularisierung verändert haben. Daraus ergab sich die zweite zu klärende Teilfragestellung.

2.	Inwiefern hat die Modularisierung der sozialwissenschaftlichen Studiengänge den Bildungsbegriff und die Studienstrategien der Studierenden verändert?

Zur Überprüfung der Hypothese war eine Konkretisierung der Fragestellung notwendig, die eine Unterscheidung zwischen Studierenden, die nach alter Magister- oder Diplom-Studienordnung studieren und Studierenden, deren Studium modularisiert gestaltet ist, ermöglichte. Eine präzise Erfassung der zu ermittelnden potentiellen Unterscheidung erfolgte mit der Subfragestellung:

2.1   Bestehen im Hinblick auf Bildungsbegriff und Studienstrategien Unterschiede zwischen Bachelor-Studierenden auf der einen sowie Magister- und Diplom-Studierenden auf der anderen Seite?

Die Ergebnisse der beiden durchgeführten Gruppendiskussionen mit Studierenden der Sozialwissenschaften belegen keine signifikanten Unterschiede des Bildungsbegriffs von Bachelor-Studierenden auf der einen sowie Magister- und Diplomstudierenden auf der anderen Seite.[85] Beide Studierendengruppen bewerten ausschließlich solche Studienstrategien positiv, die nicht primär ergebnisorientiert fungieren, sondern auf Reflexion, Kritik sowie Wissenserweiterung und -integration unter der Maßgabe von Vernunft und Mündigkeit zielen. Damit betonen die befragten Studierenden den Prozesscharakter von Bildung, der ein festes kanonisiertes Bildungsziel bereits deshalb nicht zulässt, da Bildung ihrer Ansicht nach als lebenslanger Prozess angesehen werden müsse. Damit integrieren die Studierenden die zentrale Forderung der kritischen Theoretiker Adorno und Horkheimer nach Bildung und Erziehung zur Mündigkeit mit Teilen der Bologna-Forderungen und Überresten der klassizistischen Bildungsideale zu einem kritischen Bildungsbegriff der Gegenwart.

Die Studierenden der Sozialwissenschaften sind sich den Missständen deutscher Bildungspolitik bewusst und verwehren sich gegen die Eingliederung der Universität in einen marktförmigen Tauschprozess, der Bildung in Form von, in Module verpacktes, Wissen zur Ware transformiert und der kapitalistischen Logik Untertan macht.

---

[85] Zu Beginn der Arbeit wurde zudem nach der Relevanz der sozialen Herkunft, beziehungsweise der Milieuzugehörigkeit in Hinblick auf die Bestimmung des Bildungsbegriffs gefragt, da von der Reproduktion ungleicher Bildungschancen in Studierendenmilieus ausgegangen werden muss. (vgl. Lange-Vester/Teiwes-Kügler in Georg 2006: 55ff) Allerdings konnten diesbezüglich im Abgleich mit den erfassten soziodemographischen Daten keine signifikanten Effekte festgestellt werden, so dass die Fragestellung im Verlauf der Arbeit keine weitere Berücksichtigung fand. Dies mag allerdings dem Umstand geschuldet sein, dass die kleine Stichprobe von 12 Studierenden keine eindeutigen Rückschlüsse auf Interdependenzen von sozialer Herkunft auf der einen und dem Bildungsbegriff und den Studienstrategien der Studierenden auf der anderen Seite zulässt.

In einer Zeit – der Zeit von Bologna – in der die Sprache für die Kritik an den gesellschaftlichen Verhältnissen zunehmend verloren geht, ist es allerdings umso wichtiger, dass Studierende als die Gewinner des Bildungssystems, die Sensibilität für dessen Allokationsfunktion und Selektionsmechanismen behalten und diese Prozesse einer öffentlichen Debatte zuführen. Die Verdinglichung von Bildung kann schließlich nur mit Hilfe von den Gruppen, die in der Lage sind, ihr Wesen und ihren geometrischen Ort zu bestimmen, aufgehalten werden. Wenn sich die Umsetzung eines Projektes, wie der so genannte Bologna-Prozess, darin erschöpft, dass die Universität als Spielfeld für den Weltmarkt geöffnet wird, dann gilt es, solcherlei Reformprozesse kritisch zu verfolgen und sich gegen die kapitalistische Abschöpfung der Leistungsspitzen im Bildungssystem zur Wehr zu setzen.

Die Literaturauswahl, die den Ausführungen über Bildung im theoretischen Teil dieser Arbeit zugrundeliegt, ist auf der Grundlage der Ergebnisse der durchgeführten Gruppendiskussionen, welche im empirischen Teil der Arbeit dargelegt sind, erfolgt. Der theoretische Rahmen der zunächst deutschen und später europäischen Bildungsdebatte erstreckt sich mit Immanuel Kant, Wilhelm von Humboldt, Theodor W. Adorno, Max Horkheimer und den Ausführungen zu den zentralen Papieren des Bologna-Prozesses somit über einen Zeitraum von circa 200 Jahren. Es konnten freilich nur Eckpunkte dieses andauernden Reformprozesses thematisiert werden, da diese, auf einem großen Umfang an empirischem Material beruhende Arbeit keine erschöpfende theoretische Darstellung des Bildungsdiskurses zulässt. Die Literaturauswahl bezieht sich dabei auf die Redebeiträge der Studierenden, die an den beiden Gruppendiskussionen zum Bildungsbegriff teilgenommen haben.

So wurde beispielsweise mit der Forderung nach einer „[…] auf Vernunft und […] kritisches Denken […] zielende[n] Bildung (Moritz in Gruppe I: Z. 336)" die Auseinandersetzung mit dem Kantschen Vernunftbegriff und der damit einhergehenden Hierarchie der Fakultäten unter Berücksichtigung des Verhältnisses zum Staat notwendig. Mit der Frage nach den Aufgaben der Universität im Gegensatz zur Fachhochschule (vgl. Tim in Gruppe II, Z. 194ff) sowie der Forderung nach Freiheit im Studium (vgl. Marek in Gruppe II: Z. 321) ergab sich unmittelbar die Diskussion der humboldtschen Ausführungen zum Thema Bildung und Hochschulorganisation – auch unter der Maßgabe, dass die inflationäre Verwendung des Begriffs gegenwärtig häufig im Zusammenhang mit dem Namen Wilhelm von Humboldts erfolgt, ohne dass seine Positionen dabei einer kritischen Prüfung unterzogen würden. (vgl. Prüwer 2009: 9ff) Zur Rahmung der klassizistischen Positionen wurden der Vollständigkeit wegen auch die Ausführungen Fichtes, Schleiermachers und Hegels zum Wesen der Universität in ihren Grundzügen berücksichtigt.

Mit der Forderung, dass ein Studium die Reproduktion der bestehenden gesell-schaftlichen Verhältnisse verhindern und eine „[…] Veränderung [derselben] im positiven Sinne […] (Stefan in Gruppe I: Z. 385)" ermöglichen solle, damit dem Rückfall der Menschen in die „Barbarei" verhindert und die Überwindung der „warenförmige[n] Gesellschaft" erreicht werden könne (vgl. ebd.: Z. 446), konn-te eine Vernachlässigung der klassischen kritischen Theorie zum Thema „Bil-dung" nicht erfolgen. Die Beschäftigung mit den zentralen Papieren des Bolog-na-Projektes ergab sich schließlich bereits aus der Berücksichtigung der gegen-wärtigen universitären Realität der Studierenden mit neuer Studienordnung, sowie der Studierenden, die sich parallel und kontrastierend zu diesem neuen Studierendentypus noch wenige Semester an der Hochschule aufhalten werden. Auch die Äußerungen in den Gruppendiskussionen zum Themenbereich des Arbeitsmarktes und der Beschäftigungsfähigkeit machten eine Auseinanderset-zung mit den Zielen dieses globalen Reformprojektes notwendig.

6. Literaturverzeichnis

Ackermann, Jan; **Blättel-Mink**, Birgit (2009): ENWISS – Qualitative Evaluation ohne Folgen?, in: Deutsche Gesellschaft für Soziologie (Hg.): Soziologie. Frankfurt, New York: Campus Verlag (Jahrgang 38, Heft 2). S. 175-192.

Adorno, Theodor W. (1969): Minima moralia. Reflexionen aus dem beschädigten Leben. Frankfurt am Main. Suhrkamp.

Adorno, Theodor W. (2003): Negative Dialektik. Jargon der Eigentlichkeit. 1. Aufl. Frankfurt am Main: Suhrkamp.

Adorno, Theodor W. (1989): Studien zum autoritären Charakter. Frankfurt am Main. Suhrkamp.

Adorno, Theodor W. (2006): Theorie der Halbbildung. 1. Aufl. Frankfurt am Main: Suhrkamp.

Adorno, Theodor W.; **Kadelbach**, Gerd; **Becker**, Hellmut (1982): Erziehung zur Mündigkeit. Vorträge und Gespräche mit Hellmut Becker 1959 - 1969. 8.Aufl. Frankfurt: Suhrkamp.

Anrich, Ernst (Hf.) (1964): Die Idee der deutschen Universität. Die fünf Grundschriften aus der Zeit ihrer Neugründung durch klassischen Idealismus und romantischen Realismus. 2. unveränd. reprograph. Nachdruck. Darmstadt: Wissenschaftliche Buchgesellschaft.

Ash, Mitchell G. (Hg.) (1999): Mythos Humboldt. Vergangenheit und Zukunft der deutschen Universitäten. Wien: Böhlau.

Assmann, Aleida (1993): Arbeit am nationalen Gedächtnis. Eine kurze Geschichte der deutschen Bildungsidee. Frankfurt, New York: Campus Verlag.

Barth, Thomas (2009): Professoren-Protest gegen 10 Jahre „Bologna-Prozess". Humboldt in Bologna ? Teil 1 - Das Bologna-Schwarzbuch: http://www.heise.de/tp/r4/artikel/30/30534/1.html

Behrens, Karl Christian (Hg.) (1962): Wandel im Handel. Festschrift zum 10jährigen Bestehen der Beamten-Einkauf eGmbH Koblenz. Wiesbaden: Gabler.

Bergen-Kommunikee (2005): http://www.bmbf.de/pub/bergen_kommunique_dt.pdf (31.03.2010)

Berglar, Peter (1985): Wilhelm von Humboldt. Mit Selbstzeugnissen. Reinbek bei Hamburg: Rowohlt.

Berlin-Kommunikee (2003): http://www.bmbf.de/pub/berlin_communique.pdf (31.03.2010)

Bohnsack, Ralf (2001): Dokumentarische Methode. Theorie und Praxis wissenssoziologischer Forschung, in: Hug, Theo: Wie kommt Wissenschaft zu Wissen? Bartmannsweiler: Schneider-Verlag. S. 326-345.

Bohnsack, Ralf; **Marotzki**, Winfried; **Meuser**, Michael (Hg.) (2006): Hauptbegriffe qualitativer Sozialforschung. 2. Aufl. Opladen: Budrich (UTB Erziehungswissenschaft, Sozialwissenschaft, 8226).

Bohnsack, Ralf; **Nohl**, Arnd-Michael (2007): Exemplarische Interpretation: Die Sequenzanalyse der dokumentarischen Methode, in: Bohnsack, Ralf; Nohl, Arnd-Michael,

Nentwig-Gesemann, Iris (Hg.): Die dokumentarische Methode und ihre Forschungspraxis. VS Verlag. S. 303-307.

Bohnsack, Ralf; **Schäffer**, Burkhard (2007): Exemplarische Textinterpretation: Diskursorganisation und dokumentarische Methode, in: Bohnsack, Ralf; Nohl, Anrd-Michael, Nentwig-Gesemann, Iris (Hg.): Die dokumentarische Methode und ihre Forschungspraxis. VS Verlag. S. 309-323.

Bologna-Deklaration (1999): http://www.bmbf.de/pub/bologna_deu.pdf (31.03.2010)

Bourdieu, Pierre (1983): Ökonomisches Kapital, kulturelles Kapital, soziales Kapital, in: Kreckel, Reinhard (Hg.): Soziale Ungleichheiten. (=Soziale Welt, Sonderband 2). Göttingen: Schwarz. S. 183-198.

Bourdieu, Pierre (2001): Wie die Kultur zum Bauern kommt. Über Bildung, Schule und Politik, in: Steinrücke, Margareta (Hg.): Schriften zu Politik & Kultur 4. Hamburg. VSA-Verlag. S. 112-141.

Bourdieu, Pierre; **Passeron**, Jean-Claude (2007): Die Erben. Studenten, Bildung und Kultur. Konstanz: UVK-Verl.-Ges.

Bourdieu, Pierre; **Passeron**, Jean-Claude (1971): Die Illusion der Chancengleichheit. Untersuchungen zur Soziologie des Bildungswesens am Beispiel Frankreichs. 1. Aufl. Stuttgart: Klett.

Budapest-Wien-Deklaration (2010): http://www.bmbf.de/pub/erklaerung_budapest-_wien. pdf (31.03.2010)

Diekmann, Andreas (2008): Empirische Sozialforschung. Grundlagen, Methoden, Anwendungen. Vollst. überarb. und erw. Neuausg., 19. Aufl. Reinbek bei Hamburg: Rowohlt-Taschenbuch-Verl.

Dietzsch, Steffen (1992): Nachwort. Vernunft als „invisible hand" oder: Philosophie als Beruf?, in Kant, Immanuel (1992): Der Streit der Fakultäten. 2., veränd. Aufl. Leipzig: Reclam. S. 125-138.

Die Zeit (19.06.2009)

Dubiel, Helmut (2008): Akademischer Kapitalismus. Unveröffentlichtes Manuskript.

Dubiel, Helmut (2001): Kritische Theorie der Gesellschaft. Eine einführende Rekonstruktion von den Anfängen im Horkheimer-Kreis bis Habermas. 3. Aufl. Weinheim: Juventa-Verl.

Fichte, Johann Gottlieb (1919): Deducirter Plan einer zu Berlin zu errichtenden höhern Lehranstalt, in: Spranger, Eduard (Hg.): Über das Wesen der Universität. Neue Ausgabe. Leipzig: Verlag von Felix Meiner. S. 1-104.

Freud, Sigmund (1972): Abriss der Psychoanalyse, in ders.: Abriss der Psychoanalyse. Das Unbehagen in der Kultur. Frankfurt am Main: Fischer. S. 9-30.

Freud, Sigmund (1973): Massenpsychologie und Ich-Analyse, in ders.: Massenpsychologie und Ich-Analyse. Die Zukunft einer Illusion. Frankfurt am Main. Fischer. S. 9-82.

Friedmann, Jan u.a. (2008): Die Studenten-Fabrik, in: Der Spiegel. Reformchaos: Hochschulen werden zu Lernfabriken. Die Turbo-Uni. Nr. 18, 28.04.2008. S. 56-69.

Friedrich, Hans Rainer (2000): Europa kommt – sind wir schon da? Perspektiven der europäischen Hochschulentwicklung in Zeiten der Globalisierung. Bremen 10.04.2000, in: Friedrich, Hans Rainer (2001): Hochschulen im Wandel – Hochschulen im Wort. Vorträge der Jahre 1998-2000. Veröffentlichungen aus Lehre, angewandter Forschung und Weiterbildung, Band 38. Wiesbaden: Fachhochschule Wiesbaden. S. 275-293.

Göteborg-Deklaration (2001): http://www.esib.org/index.php/issues/Mobility/396-student-goeteborg-declaration?format=pdf (31.03.2010)

Grondin, Jean (2007): Immanuel Kant zur Einführung. 4. Aufl. Hamburg: Junius.

Haug, Guy (1999): Trends and Issues in Learning Structures in Higher Education in Europe, in: Beiträge zur Hochschulpolitik 01/2000. HRK – Hochschulrektorenkonferenz (Hg.). Bonn. S. 7-42.

Hegel, Georg Wilhelm Friedrich (1990): Über den Vortrag der Phliosophie auf Universitäten, in: Müller, Ernst (Hg.): Gelegentliche Gedanken über Universitäten. 1. Aufl. Leipzig: Reclam. S. 284-290.

Hochschulrektorenkonferenz (Hg.) (2008): Ländergemeinsame Strukturvorgaben gemäß § 9 Abs. 2 HRG für die Akkreditierung von Bachelor- und Masterstudiengängen: http://www.hrk.de/bologna/de/download/dateien/BS_080918__LaendergemeinsameStrukturvorgaben.pdf (10.04.2010)

Horkheimer, Max (1985): Soziologisches, Universität und Studium, in ders.: Gesammelte Schriften, Vorträge und Aufzeichnungen. Frankfurt am Main: Fischer. S. 409-419.

Humboldt, Wilhelm von (1962): Ideen zu einem Versuch, die Grenzen der Wirksamkeit des Staats zu bestimmen. Stuttgart: Verlag Freies Geistesleben.

Humboldt, Wilhelm von (1964): Bildung des Menschen in Schule und Universität. Heidelberg: Quelle & Meyer.

Humboldt, Wilhelm von (1964): Schriften zur Politik und zum Bildungswesen. 1. Auflage. 5 Bände. Darmstadt: Wissenschaftliche Buchgesellschaft.

Humboldt, Wilhelm von (1990): Über die innere und äußere Organisation der höheren wissenschaftlichen Anstalten in Berlin, in: Müller, Ernst (Hg.): Gelegentliche Gedanken über Universitäten. 1. Aufl. Leipzig: Reclam. S. 273-283.

Kaehler, Siegfried A. (1963): Wilhelm Von Humboldt und der Staat. Ein Beitag zur Geschichte deutscher Lebensgestaltung um 1800. 2., durchgesehene Auflage. Göttingen: Vandenhoeck & Ruprecht.

Kant, Immanuel (1992): Der Streit der Fakultäten. 2., veränd. Aufl. Leipzig: Reclam.

Kant, Immanuel (2004): Kritik der reinen Vernunft Kritik der praktischen Vernunft Kritik der Urteilskraft. Wiesbaden: Matrix Verlag.

Kant, Immanuel (1926): Über Wissen und Glauben, in: Franz, Erich (Hg.): Kant, Fichte, Humboldt. Frankfurt a.M.: Moritz Diesterweg (Heft 23).

Kant, Immanuel (2004): Was ist Aufklärung?, in Vorländer, Karl (2004): Immanuel Kant. Der Mann und das Werk. Sonderausg. nach der 3. erw. Ausg. von 1992. Wiesbaden: Marix-Verl. S. 326-328.

Knoll, Joachim H.; **Siebert**, Horst (1969): Wilhelm von Humboldt. Politik und Bildung. Heidelberg. Quelle & Meyer.

Lamnek, Siegfried (2005): Qualitative Sozialforschung. Lehrbuch. 4., vollst. überarb. Aufl., [Nachdr.]. Weinheim: Beltz PVU.

Lange-Vester, Andrea; **Teiwes-Kügler**, Christel (2006): Die symbolische Gewalt der legitimen Kultur. Zur Reproduktion ungleicher Bildungschancen in Studierendenmilieus, in: Georg, Werner (Hg.): Soziale Ungleichheit im Bildungssystem. Eine empirisch-theoretische Bestandsaufnahme. Konstanz. UVK. S. 55-92.

Leuven-Kommunikee (2009): http://www.bmbf.de/pub/leuvener_communique.pdf (31.03.2010)

Lewin, Kurt (1936): Principles of topological psychology. London; New York: McGraw-Hill Book Company. (Publications in psychology).

Liessmann, Konrad Paul (2010): Die Universität und ihre Feinde. Über Idee und Wirklichkeit akademischen Forschens und Lehrens, in: Adam, Christian et al (Hg.): Die bedingte Universität. Die Institution der Wissenschaft zwischen "Sachzwang" und "Bildungsauf. Stuttgart: Schmetterling Stuttgart. S. 144-156.

London-Kommunikee   (2007):
http://www.bmbf.de/pub/Londoner_Kommunique_Bologna_d.pdf (31.03.2010)

Loos, Peter; **Schäffer**, Burkhard (2001): Das Gruppendiskussionsverfahren. Theoretische Grundlagen und empirische Anwendung. Opladen: Leske + Budrich.

Magna Charta Universitatum (1988): http://www.magna-charta.org/pdf/mc_pdf/-mc_german.pdf (31.03.2010)

Mangold, Werner (1960): Gegenstand und Methode des Gruppendiskussionsverfahrens. Aus der Arbeit des Instituts für Sozialforschung. Frankfurt a.M.: Europäische Verlagsanstalt (Frankfurter Beiträge zur Soziologie, 9).

Mannheim, Karl (1980): Strukturen des Denkens. Frankfurt a.M.: Suhrkamp.

Mayntz, Renate (2002): Zur Theoriefähigkeit makro-sozialer Analysen, in ders.: Akteure - Mechanismen - Modelle. Zur Theoriefähigkeit makro-sozialer Analysen. Frankfurt a. M.: Campus-Verl.

Mucchielli, Roger (1972): Gruppendynamik. Salzburg: Müller.

Müller, Ernst (1990): Gelegentliche Gedanken über Universitäten. 1. Aufl. Leipzig: Reclam.

Neckel, Sighard; **Dröge**, Kai; **Somm**, Irene (2004): Welche Leistung, welche Leistungsgerechtigkeit? Soziologische Konzepte, normative Fragen und einige empirische Befunde, in: Berger, Peter A. u.a. (Hg.): Welche Gleichheit, welche Ungleichheit? Grundlagen der Ungleichheitsforschung. Wiesbaden: VS Verlag. S. 137-164.

Nießen, Manfred (1977): Gruppendiskussion. Interpretative Methodologie, Methodenbegründung, Anwendung. München: Fink.

Pfadenhauer, Michaela (2003): Professionalität. Eine wissenssoziologische Rekonstruktion institutionalisierter Kompetenzdarstellungskompetenz. Univ., Diss.--Dortmund. Opladen: Leske + Budrich.

Pollock, Friedrich (1955): Gruppenexperiment. Ein Studienbericht. Frankfurt a.M.: Europäische Verlagsanstalt (Frankfurter Beiträge zur Soziologie, 2).

Porst, Rolf (2009): Fragebogen. Ein Arbeitsbuch. 2. Auflage. Wiesbaden: VS Verlag für Sozialwissenschaften.

Prag-Kommunikee   (2001):   http://www.bmbf.de/pub/prager_kommunique.pdf (31.03.2010)

Prüwer, Tobias (2009): Humboldt reloaded. Kritische Bildungstheorie heute. Marburg: Tectum-Verl.

Ringer, Fritz K.; Laermann, Klaus (1987): Die Gelehrten. Der Niedergang der deutschen Mandarine, 1890 - 1933. München: Klett-Cotta im Dt. Taschenbuch-Verl.

Schelsky, Helmut (1963): Anpassung oder Widerstand. Soziologische Bedenken zur Schulreform - Eine Streitschrift zur Schulreform. Dritte Auflage. Heidelberg: Quelle & Meyer.

Schleiermacher, Friedrich; Schmid, Dirk (1998): Universitätsschriften. Herakleitos. Kurze Darstellung des theologischen Studiums.

Schnell, Rainer; **Hill**, Paul B.; **Esser**, Elke; Schnell-Hill-Esser (2005): Methoden der empirischen Sozialforschung. 7., völlig überarb. und erw. Aufl. München: Oldenbourg.

Schultz, Uwe (1980): Immanuel Kant. 12.Aufl. Reinbek bei Hamburg: Rowohlt.

Schwanitz, Dietrich (1999): Bildung. Alles was man wissen muß. Frankfurt am Main: Eichborn.

Serrano-Verlarde, Kathia (2009): Mythos Bologna? 10 Jahre Forschung zum Bolognaprozess, in: Deutsche Gesellschaft für Soziologie (Hg.): Soziologie. Frankfurt, New York: Campus Verlag (Jahrgang 38, Heft 2). S. 193-203.

Scruton, Roger (2004): Kant. Dt. Erstausg. Freiburg im Breisgau: Herder.

Sorbonne-Declaration (1998): http://www.bologna-berlin2003.de/pdf/Sorbonne_declaration.pdf (31.03.2010)

Sorbonne-Deklaration (1998): http://www.bmbf.de/pub/sorbonne_declaration.pdf (31.03.2010)

Spranger, Eduard (Hg.) (1919): Über das Wesen der Universität. Neue Ausgabe. Leipzig: Verlag von Felix Meiner.

Tenorth, Heinz-Elmar (2006): Schule und Universität. Bildungswelten im Konflikt. Konstanz: UVK Univ.-Verl.

Vorländer, Karl (2004): Immanuel Kant. Der Mann und das Werk. Sonderausg. nach der 3. erw. Ausg. von 1992. Wiesbaden: Marix-Verl.

Vorländer, Karl (1968): Vorrede, in Kant, Immanuel (Hg.): Der Streit der Fakultäten. Anthropologie in pragmatischer Hinsicht. Unveränderter fotomechanischer Abdruck der Ausgabe Berlin 1907. Berlin: de Gruyter. S. 1-11.

Walter, Thomas (2006): Der Bologna-Prozess. Ein Wendepunkt europäischer Hochschulpolitik? Wiesbaden: VS Verlag für Sozialwissenschaften.

7. Verzeichnis der Internetquellen

Akkreditierungsagentur für Studiengänge im Bereich Gesundheit und Soziales - AHPGS:
http://www.ahpgs.de/ (07.04.2010)

Akkreditierungs-, Certifizierungs- und Qualitätssicherungs-Instituts ACQIN:
http://www.acquin.org/ (07.04.2010)

Akkreditierungsrat. Stiftung zur Akkreditierung von Studiengängen in Deutschland:
http://www.akkreditierungsrat.de/ (08.04.2010)

AQAS. Agentur für Qualitätssicherung durch Akkreditierung von Studiengängen:
http://www.aqas.de/ (07.04.2010)

Bundesministerium für Bildung und Forschung → „Bologna-Prozess":
http://www.bmbf.de/de/3336.php (08.04.2010)

Bundesweiter Bildungsstreik:
http://www.bildungsstreik.net/ (20.08.2009)

esu. European students' union:
http://www.esib.org/ (06.04.2010)

Fachakkreditierungsagentur für Studiengänge der Ingenieurwissenschaften, der Informatik, der Naturwissenschaften und der Mathematik:
http://www.asiin.de/ (07.04.2010)

Foundation for International Business Administration Accreditation:
http://www.fibaa.de/ (07.04.2010)

Hochschulrektorenkonferenz (HRK). Bologna-Zentrum → „Diploma Supplement"
http://www.hrk.de/bologna/de/home/1997.php (07.04.2010)

Hochschulrektorenkonferenz (HRK). Bologna-Zentrum → „Module, ECTS-Punkte und Workload":
http://www.hrk.de/bologna/de/home/1923_2116.php (10.04.2010)

Humboldt-Universität zu Berlin →Überblick →Geschichte →Kurzer historischer Abriss:
http://www.hu-berlin.de/ueberblick/geschichte/hubdt_html (16.04.2010)

ZEvA. Zentrale Evaluations- und Akkreditierungsagentur Hannover:
http://www.zeva.org/ (07.04.2010)

8. Tabellenverzeichnis

Grundlagen Erziehungswissenschaft

Interkulturelle Pädagogik

The manufacturer's authorised representative in the EU is Springer
Nature Customer Service Centre GmbH, Europaplatz 3, 69115 Heidelberg,
Germany. If you have any concerns regarding our products, please
contact ProductSafety@springernature.com

Printed and bound by CPI Group (UK) Ltd, Croydon, CR0 4YY

27/04/2026

02097610-0006